汉译世界学术名著丛书

泰阿泰德

〔古希腊〕柏拉图 著

詹文杰 译注

2017年·北京

ΠΛΑΤΩΝΟΣ

ΘΕΑΙΤΗΤΟΣ

根据 Platonis Opera（Scriptorum Classicorum Bibliotheca Oxoniensis），
recognovit Ioannes Burnet，Tomus I，
并参考其他多种版本译出

汉译世界学术名著丛书
（120年纪念版·珍藏本）
出 版 说 明

2017年2月11日，商务印书馆迎来120岁的生日。120年前，商务印书馆前贤怀揣文化救国的理想，抱持“昌明教育，开启民智”的使命，立足本土，放眼寰宇，以出版为津梁，沟通中西，为中国、为世界提供最富智慧的思想文化成果。无论世事白云苍狗，潮流左右激荡，甚至战火硝烟弥漫，始终践行学术报国之志，无改初心。

逐译世界各国学术名著，即其一端。早在20世纪初年便出版《原富》《天演论》等影响至今的代表性著作，1950年代后更致力于外国哲学和社会科学经典的译介，及至1980年代，辑为“汉译世界学术名著丛书”，汇涓为流，蔚为大观。丛书自1981年开始出版，历时三十余年，迄今已推出七百种，是我国现代出版史上规模最大、最为重要的学术翻译工程。

丛书所选之书，立场观点不囿于一派，学科领域不限于一门，皆为文明开启以来，各时代、各国家、各民族的思想与文化精粹，代表着人类已经到达过的精神境界。丛书系统译介世界学术经典，引领时代思想，为本土原创学术的发展提供丰富的文化滋养，为推动中国现代学术和现代化进程做出了突出的贡献。

为纪念商务印书馆成立120周年，我们整体推出“汉译世界学术名著丛书”120年纪念版的珍藏本，寄望既利于文化积累，又便于研读查考，同时向长期支持丛书出版的译者、编者和读者致以敬意。

两甲子后的今天，商务印书馆又站在了一个新的历史时间节点上。我们不仅要铭记先辈的身影和足迹，更须让我们的步伐充满新的时代精神。这是商务人代代相传的事业，更是与国家和民族的命运始终紧密相连的事业。我们责无旁贷，必须做好我们这代人的传承与创造，让我们的努力和成果不仅凝聚成民族文化的记忆，还能成为后来人可以接续的事业。唯此，才能不负前贤，无愧来者。

商务印书馆编辑部

2017年10月

142

THEAETETI dialogi personæ,

EVCLIDES, TERPSION, SOCRATES, THEODORVS, THEAETETVS.

TA' TOY' ΘΕΑΙΤΗΤΟΥ διαλόγου πρόσωπα,

ΕΥ'ΚΛΕΙ'ΔΗΣ, ΤΕΡΨΙ'ΩΝ, ΣΩΚΡΑ'ΤΗΣ, ΘΕΟ'ΔΩΡΟΣ, ΘΕΑΙ'ΤΗΤΟΣ.

a Occasio dialogi. Euclides (singularem autem illum geometræ, è cuius scriptis Geometriæ petitur cognitio, hunc fuisse minimè dubium esse potest) narrat Terpsioni sermones quosdam à Socrate habitos cum Theæteto ingenioso adolescente, De scientia: cuius variæ definitiones hic (vti diximus) explicantur. Inde autem narrata sermonis illius occasio, quòd Theætetū Megaris transeuntem Euclides tunc recens salutarat. Ita Euclidi & Terpsioni sessitantibus de scripto disputatio illa recitatur. Morem autem suum notat Plato, sermones ἐξηγηματικοὺς commēdandi scripto. qua ratione in suis scriptis concinnandis maximè adiutum fuisse, verisimile est. Vide Ancce.

MODO'NE, Terpsió, an dudum, rure? TER. Satis dudum. & te quidē ego per forum quęrebā, & mirabar quid minimè te possem inuenire. EV. Nec enim eram in vrbe. TERP. Vbi ergo? EV. In portum descenderam, vbi mihi fuit obuius Theætetus, qui Corintho ex exercitu Athenas ferebatur. TER. Viuúsne an mortuus? EV. Viuus, sed vix ac ne vix quidem. male enim se habet ex vulneribus quidem nónullis, *sed ipsum insuper corripuit popularis morbus qui in exercitu vagatur. TER. Num dysenteria? EV. Ita. TER. Qualem virum memoras in periculo esse! EV. Bonum certè & honestū virum. Iam verò & nonnullos modò audiebam qui illius in pugna virilem constātiam maximopere prædicarent. TERP. Nec mirum id quidem est. magis profectò mirandum fuisset, nisi huiusmodi extitisset. Verùm quomodo hîc Megaris non diuertit? EV. Domum festinabat. quanquā & ego rogaui & eram autor vt hîc cómoraretur, sed non potui id ab illo impetrare. & quidem postquam illum in nauem deduxissem & redirem, recordatus sum Socratis, illúmque sum admiratus: quòd cùm

A ΑΡΤΙ, ὦ Τερψίων, ἢ πάλαι, ἐξ ἀγροῦ; ΤΕΡ. Ἐπιεικῶς πάλαι. καὶ σέ γε ἐζήτουν κατ' ἀγοράν, καὶ ἐθαύμαζον ὅτι οὐχ οἷός τ' ἦ εὑρεῖν. ΕΥΚΛ. Οὐ γὰρ ἦ κατὰ πόλιν. ΤΕΡ. Ποῦ μήν; ΕΥ. Εἰς λιμένα καταβαίνων, Θεαιτήτῳ ἐνέτυχον φερομένῳ ἐκ Κορίνθου ἀπὸ τοῦ στρατοπέδου Ἀθήναζε. ΤΕΡ. Ζῶντι, ἢ τετελευτηκότι;

B ΕΥ. Ζῶντι, καὶ μάλα μόλις. χαλεπῶς μὲν γὰρ ἔχει καὶ ὑπὸ τραυμάτων τινῶν, μᾶλλον μὴν αὐτὸν αἱρεῖ τὸ γεγονὸς νόσημα ἐν τῷ στρατεύματι. ΤΕΡΨ. Μῶν ἡ δυσεντερία; ΕΥ. Ναί. ΤΕΡ. Οἷον ἄνδρα λέγεις ἐν κινδύνῳ εἶναι. ΕΥ. Καλόν τε καὶ ἀγαθόν, ὦ Τερψίων. ἐπεί τοι καὶ νῦν ἤκουον τινῶν μάλα ἐγκωμιαζόντων αὐτὸν περὶ τὴν μάχην. ΤΕΡ. Καὶ οὐδέν γε ἄτοπον· ἀλλὰ πολὺ θαυμαστότερον εἰ μὴ τοιοῦτος ἦν. ἀτὰρ πῶς οὐκ

C αὐτοῦ Μεγαροῖ κατέλυεν; ΕΥ. Ἠπείγετο οἴκαδε. ἐπεὶ ἔγωγ' ἐδεόμην καὶ συνεβούλευον, ἀλλ' οὐκ ἤθελε. καὶ δῆτα προπέμψας αὐτόν,

Magis tamen ipsum cóficit [vel premit, vel vrget] morbus qui in exercitu est grassatus.

斯特方版《泰阿泰德》首页（截图）

该古希腊文版《柏拉图著作集》（*Platonis opera quae extant omnia*）由法国出版家、古典学者亨利·斯特方（Henri Stephanus，又名 Henri Estienne）于 1578 年在日内瓦编辑出版，附有萨尔拉努（J. Serranus）的拉丁文翻译。该版本的页码和栏码后来成为国际通用的柏拉图文本页码系统，称为“斯特方页码系统”（Stephanus Pagination）。

ΘΕΑΙΤΗΤΟΣ.

T. I.
ed. Steph.
p. 142.

ΤΑ ΤΟΥ ΔΙΑΛΟΓΟΥ ΠΡΟΣΩΠΑ

ΕΥΚΛΕΙΔΗΣ, ΤΕΡΨΙΩΝ, ΣΩΚΡΑΤΗΣ, ΘΕΟΔΩΡΟΣ, ΘΕΑΙΤΗΤΟΣ.

The Preface. Terpsion and Euclides meet before Euclides' house in Megara. They converse about the dangerous state of Theaetetus, of whom Socrates had truly prophesied

Ἄρτι, ὦ Τερψίων, ἢ πάλαι ἐξ ἀγροῦ;

ΤΕΡ. Ἐπιεικῶς πάλαι. καὶ σέ γε ἐζήτουν κατ' ἀγορὰν καὶ ἐθαύμαζον, ὅτι οὐχ οἷός τ' ἦ εὑρεῖν.

ΕΥ. Οὐ γὰρ ἦ κατὰ πόλιν.

ΤΕΡ. Ποῦ μήν;

ΕΥ. Εἰς λιμένα καταβαίνων Θεαιτήτῳ ἐνέτυχον φερομένῳ ἐκ Κορίνθου ἀπὸ τοῦ στρατοπέδου Ἀθήναζε.

ΤΕΡ. Ζῶντι ἢ τετελευτηκότι;

b ΕΥ. Ζῶντι καὶ μάλα μόλις· χαλεπῶς μὲν γὰρ

3. ΕΥΚΛΕΙΔΗΣ, ΤΕΡΨΙΩΝ] Euclides and Terpsion appear also in the Phaedo as the Megarians who were present at the death of Socrates, p. 59: Καὶ Μεγαρόθεν Εὐκλείδης τε καὶ Τερψίων. Compare with the preservation of this dialogue by Euclides, and the introduction of Theodorus of Cyrene, the preservation of the Pythagorean dialogue by Phaedo, and the intro-

be found daily in the market-place.

9. μὴν expresses surprise.

11. ἐκ Κορίνθου ἀπὸ τοῦ στρατοπέδου] For the expression compare Charm. p. 25: Ἐκ Ποτειδαίας ἀπὸ τοῦ στρατοπέδου. The date is either earlier than B. C. 387, or later than B. C. 369. Either supposition presents some difficulty. See Introduction.

坎贝尔注释本《泰阿泰德》首页（截图）

十九世纪英国古典学家坎贝尔（L. Campbell）编辑和注释的古希腊文《泰阿泰德》（牛津大学出版社，1861年首版，1883年第二版）。坎贝尔还撰有《智者》、《政治家》和《理想国》的注释，此外他还是一位研究索福克勒斯的专家。

译者前言

《泰阿泰德》是柏拉图的一篇重要作品，通常被认为处于从中期向晚期对话录过渡的阶段。它不可能是一篇早期作品，尽管在形式上它与早期对话录有相似之处，如，探究特定概念的定义，采用苏格拉底式的辩驳论证，以无结论的方式结尾，等等。早期对话录通常只是直接应用辩驳论证，而《泰阿泰德》明确把这种方法描述为灵魂方面的“助产术”，这应该是柏拉图经过一番反思之后对苏格拉底否定性的哲学精神的肯定性定位。还有一点可以佐证《泰阿泰德》不属于早期作品：它在序言部分提及泰阿泰德参与了雅典军队在科林斯地区的战役并为此殒命，而这场战役的年代基本可推断为公元前369年。柏拉图很可能是在泰阿泰德去世后不久写作了本篇对话录，并让他充当对话的主要角色以纪念这位出色的数学家、在学园中共处多年的朋友。这个时候的柏拉图已是花甲之年了。无论是因为政治实践的受挫还是由于年岁增长或者别的因素，《理想国》中透露出来的政治热情和入世心态在《泰阿泰德》中被一种更为避世和超脱的情怀所取代了；典型的哲学家不再被看作政治统治方面的行家，而主要被描述为道德和科学之永恒主题的沉思者（参考《泰阿泰德》，173c以下）。“知识是什么”这样一个更为纯理论的追问，或许正好

符合柏拉图当时的心境。

《泰阿泰德》这篇对话录由两场谈话组成。前一场是欧几里德和忒尔西翁两人简短的铺垫性谈话。这两人都是麦加拉人，也是苏格拉底的追随者，在后者临死的时候，这两人都在场（参见《斐多》，59c）。欧几里德在这段简短的谈话中赞美了泰阿泰德，并说他曾经听苏格拉底向他转述了一场涉及泰阿泰德的谈话。欧几里德自称把这场谈话记录下来了，并且让仆人为忒尔西翁朗读出来。这读出来的内容就是《泰阿泰德》的主体部分，它是苏格拉底、塞奥多洛和泰阿泰德之间的一场哲学谈话，其主题是探究“知识”的本性。在结束谈话之时，苏格拉底说自己将去对付美勒托等人的控告。作者在此无疑暗示了苏格拉底的临死。这样，整篇对话录实际上处在临死的泰阿泰德和临死的苏格拉底之间；不难看出，柏拉图创作这部作品同时隐含着对这两人的纪念。

除了两段离题话之外（一段关乎“精神助产术”，另一段关乎哲学家与法庭讼师的对立），这篇对话录集中探讨的主题是“知识”的本性。苏格拉底提出“知识是什么”的问题，泰阿泰德几次尝试做出回答。泰阿泰德第一次回答知识是制鞋术和几何学之类的各门技艺和学问，这被苏格拉底说成是答非所问，因为这种回答不是提供内涵定义，只是列举外延。接下来，泰阿泰德先后提供了三种知识的定义：1. 知识是感觉；2. 知识是真信念；3. 知识是带有说理的真信念。这三种定义先后被苏格拉底驳倒了，于是，对话以无结论告终。第一个定义的讨论涉及了普罗泰戈拉所谓“人是万物的尺度”的主张以及赫拉克利特所谓"一切皆流变"的主张。第二个定义的讨论主要涉及"假信念"的可能性问题，让人印象最深刻的是其中提到的关于心灵活动方面的"蜡板譬喻"和"鸟笼譬喻"。第三个定义讨论的关键之处在于澄清"说理"（*logos*）的涵义，以及知识与说理之间究竟有何关系。尽管对话以无结论告终，但是它仍然蕴含着柏拉图对"知识"之本性的某些根本理解。

《泰阿泰德》无疑是一部具有开创意义而又影响深远的经典哲学著作，历史上的许多著名哲学家，包括莱布尼茨、贝克莱和维特根斯坦，对它都有品评，而且当今的知识论研究者仍然不断提及这部著作。[①] 它是两千多年前的作品，却一点也没有过时。

这个译本从最初翻译至今已经过去了好几年。2009 年我在剑桥大学古典学系访问期间开始着手翻译并完成了初稿，当时的主要参考版本有：1. Burnet 校勘的 OCT 希腊文本；2. Fowler 编辑和翻译的希腊文和英文对照的 Loeb 本；3. 经由 Burnyeat 修订的 Levett 的英译本（收于 Cooper 和 Hutchinson 编辑的 *Plato: Complete Works*，我将称此译本为"PCW"）；4. Cornford 的英译

---

① 莱布尼茨所撰的《泰阿泰德》拉丁文概要（附有一些注释）可参见：A. Foucher de Careil, *Nouvelles Lettres et Opuscules Inédits de Leibniz*（Paris: 1857）, pp. 98-145。贝克莱的评论可参见：George Berkeley, *Siris: A Chain of Philosophical Reflexions and Inquiries Concerning the Virtues of Tar-Water*（1744）, esp. §§311, 347-49。维特根斯坦的评论可参见：Ludwig Wittgenstein, *Philosophical Investigations*（Oxford: 1953）, § 46。以上文献转引自 M. Burnyeat, *The Theaetetus of Plato*（Hackett: 1990）, p. 1。

本。在个别地方还偶尔参考了：1. Campbell 编辑和注释的希腊文本；2. Jowett 的英译本；3. Benardete 的英译本；4. Schleiermacher 的德译本。2012 年，我着手对初稿进行了修订。当时我从互联网上获得希腊文、拉丁文、英文、德文和法文的多种柏拉图全集和单篇对话录，大多由 19 世纪西欧学者编辑或翻译（其中英文就有 Cary、Dyde、Kennedey、Paley 等人的译本），它们也成为我修订译稿时的次要参考文献：只在涉及个别关键术语或疑难句子的时候才使用它们。2013 年，我对译文做了再次修订，除了前面提及的参考版本之外，这次修订尤其参考了：1. Duke 等人校勘的新版 OCT 希腊文本（据该书“前言”，《泰阿泰德》的校勘者是 W. F. Hicken）；2. McDowell 的英译本；3. Chappell 的英译本；4. Waterfield 的英译本。此外，严群、王晓朝和台湾地区学者何畫瑰的中译文也给我提供了某些借鉴。为便于读者检索，兹将参考文献信息列举如下（以译、编者姓氏排列）：

Benardete, S. *The Being of the Beautiful: Plato's Theaetetus, Sophist, and Statesman*（Chicago: The University of Chicago Press, 1984）.

Burnyeat, M. F. *The Theaetetus of Plato*（translated by M. J. Levett with revisions by Burnyeat and introductory essay by Burnyeat），（Indianapolis: Hackett, 1990）.

Burnet, J. *Platonis Opera*, Tom. I（Oxford: Oxford University Press, 1900）（通常称作“OCT 本”）.

Campbell, L. *The Theaetetus of Plato*（second edition）（Oxford: Oxford University Press, 1883）.

Cary, H. *The Works of Plato*, vol. 1（London: Henry G. Bohn, 1854）.

Chappell, T. D. J. *Reading Plato's Theaetetus*（Indianapolis: Hackett,

2005）.

Cooper, J. M. and Hutchinson, D. S.（eds.）*Plato: Complete Works*（Indianapolis: Hackett, 1997）.

Cornford, F. M. *Plato's Theory of Knowledge: The Theaetetus and The Sophist*（London: Kegan Paul, 1935）.

Diès, A. *Platon: Oeuvres Complètes*. Tome VIII, 2e Partie: Théétète. Texte établi et traduit par Auguste Diès. Paris: Société d' Edition 'Les Belles Lettres,' 1924（通常称作"Budé 本"）.

Duke, E. A., & W. F. Hicken, W. S. M. Nicoll, D. B. Robinson, J. C. G. Strchan（eds.）*Platonis Opera*, Tom. I（Oxford: Oxford University Press, 1995）（通常称作"新 OCT 本"）.

Dyde, S. W. *The Theaetetus of Plato*（Glasgow: James Maclehose and Sons, 1899）.

Fowler, H. N. *Plato VII: Theaetetus, Sophist*（Loeb Classical Library）（Cambridge Ma.: Harvard University Press, 1921）（通常称作"Loeb 本"）.

Jowett, B. *The Dialogues of Plato*, vol. 4（Oxford: Clarendon Press, 1892）.

Kennedey, B. H. *The Theaetetus of Plato*（Cambridge: Cambridge University Press, 1881）.

McDowell, J. *Plato: Theaetetus*（translated with notes）（Oxford: Clarendon Press, 1973）.

Paley, F. A. *The Theaetetus of Plato*（London: George Bell & Sons, 1875）.

Schleiermacher, F. *Platons Werke*（zweiten Theiles erster Band, dritte Auflage）（Berlin: Druck und Verlag von Georg Reimer, 1856）.

Waterfield, R. Plato: *Theaetetus*（Harmondsworth: Penguin, 1987）.

何畫瑰（译注），《柏拉圖的〈泰鄂提得斯〉譯注》，專題研究計畫成果報告，2008 年。

严群（译），《泰阿泰德，智术之师》，北京：商务印书馆，1963 年。

王晓朝（译），《柏拉图全集》，第 2 卷，北京：人民出版社，2003 年。

我在电脑上修订完成后打印了一份并且尝试把译文朗读出来，不料许多过于强调直译的做法和书面化的表达方式使得读起来很不顺畅，这对于作为谈话内容的作品而言显然是不合适的，这样我又照着口语化的要求把译文顺了一遍。牺牲某些严格直译和文雅措辞以换来某种程度的口语化和朴实性，我认为这是值得的。我本想让译文尽可能少出现希腊词的文中注，不过现在看来仍保留了不少，希望它们是一些帮助而不是妨碍。这些希腊词，有些是经过形态转换的（即，依习惯把名词转换成单数主格形式，把动词转换成不定式，等等），有些没有经过转换，这点请读者留意。译文中为了强调某些语词和表述而使用了不少引号或者采用了异体字，它们是原著中没有的。

关于人名、地名的翻译，尽可能遵循约定俗成的原则（主要参考汪子嵩等编著的《希腊哲学史》第二卷和王晓朝译《柏拉图全集》第二卷），因为用汉字来音译西文无论如何都不可能有多高的精确性，也就没有必要创造更多陌生名称来显示自己工作的“原创性”。《世界人名翻译大辞典》（新华社译名室编，1993 年）在这件事情上也帮不上多大的忙。例如，按照这个辞典，“Theaetetus”译为“特埃特图斯”，读音上接近了一点，但是不如“泰阿泰德”这么流行，而“Theodoros/Theodorus”在希腊语中译为“塞奥佐罗斯”，在英语中译为“西奥多勒斯”，在德语、荷兰语中又译为“特奥多鲁斯”，本身就不统一。

今年上半年，在责编李涛博士把校订意见发给我之后，我对译文又做了较仔细的审校。感谢李涛在若干细节上修正了错误并提供了不少翻译上的建议，尽管建议并不是全部被我采纳。柏林洪堡大学的博士候选人程炜也为译稿（主要针对注释内容）提供了一些建议和指正，这里一并致谢。据说学术翻译在今天几乎算不上“学术成果”了，不过我在工作中仍抱持了严肃和谨慎的态度，投入了大量时间和精力，只是对译文的品质不敢有任何自诩：审校过程中我常常能发现一些问题，而且我相信仍有不少问题存在。敬请读者批评指正。

詹 文 杰

普林斯顿，2014 年 8 月 21 日

泰阿泰德

对话人：欧几里德（简称“欧”）[①]
忒尔西翁（简称“忒”）

欧：[142a][②] 忒尔西翁，你刚从乡下来吗，还是早就来了？

忒：老早就来啦。我到广场上找过你，还纳闷呢[③]，怎么找不着你。

欧：因为我不在城里。

忒：那你在哪儿？

欧：我下港口去了，碰巧遇上了泰阿泰德，他被抬着从科林斯的军营赶往雅典。

忒：他活着吗，还是已经死了？

---

① 欧几里德是麦加拉学派的奠基者，他和忒尔西翁都是苏格拉底的追随者。苏格拉底临终前他们和其他几位陪在身边（参考《斐多》59c）。

② 文中方括号内的数码为斯特方版的页码和栏码。阿拉伯数字为页码，英文字母为栏码。

③ Campbell 注：“纳闷”这个说法或许表明，欧几里德跟他的老师苏格拉底一样，天天都可以在广场中找到。

欧：活着，但很勉强了；他受了重伤，[142b] 更糟糕的是染上了军营里爆发的疾病。

忒：是痢疾吗？

欧：是。

忒：哎呀，这么样一个人，竟然快要没了！

欧：非常优秀的一个人，[1] 忒尔西翁，我刚才还听到别人盛赞他在战斗中的行为。[2]

忒：这没什么好奇怪的，如果他不是那样的，反倒更让人感到惊讶。[142c] 但是，他为什么不在麦加拉这儿停留呢？

欧：他着急回家呢；不管我怎么求怎么劝，他就是不愿意留下来。我只好送了他一程，回来的路上我回忆起苏格拉底，真佩服他的预言能力，特别是他关于泰阿泰德的预言。我想那

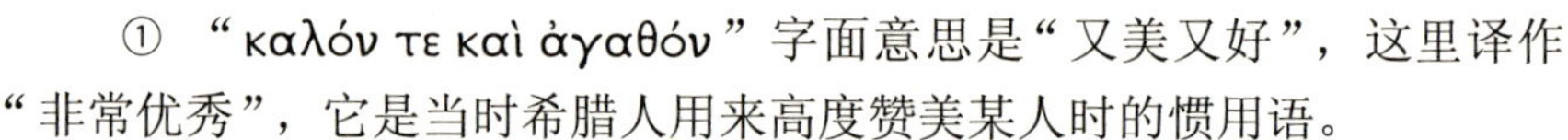

① “καλόν τε καὶ ἀγαθόν”字面意思是“又美又好”，这里译作“非常优秀”，它是当时希腊人用来高度赞美某人时的惯用语。

② 关于这场战役的发生年代有些争议。Paley（p. 1）说是 392 BC（科林斯人和 Argives 人对斯巴达人的战争）。Kennedey（p. 98）认为这个年份难以确定，有可能指 394 BC 斯巴达人在科林斯附近击败雅典人的那场战役，也有可能指 387 BC 之前的另一场战役。Campbell（1883，序言，p. 18）认可 394 BC 这个年份。但是，Cornford（p. 15）认为是 369 BC（他提及 Eva Sachs 对此问题有充分论证），他还推算说，如果泰阿泰德在苏格拉底去世的年份是十五六岁的话，那么他去世时近乎五十岁。Guthrie 说，“得到考虑的有两场这样的战役，一场在 394BC 或之后不久，另一场在 369 BC。Campbell 支持前者，但是现在普遍倾向于后者，而且的确更有可能”（见 W. K. C. Guthrie, *A History of Greek Philosophy*, Vol. 5. Cambridge UP, 1978, p. 61）。译者也倾向于认可 369 BC，因为如果泰阿泰德死于 394 BC，其时才二十多岁，过于年轻。

是在苏格拉底去世前不久，遇上了他，当时他还是个小青年[①]，苏格拉底跟他相处交谈之后，对他的天赋极为赞赏。我去雅典的时候，苏格拉底跟我讲过他们交谈的那些话，[142d]很值得一听；他还说，此人必定会成为杰出人物，只要年龄到了。

忒：看来他说对了。不过，他们谈了些什么呢？你能复述一遍吗？

欧：宙斯在上，绝对不行！单靠口头肯定办不到。[143a]不过我回到家就立即写下了一些笔记，后来有空的时候又进行回忆并且写下来。每次我去雅典，都向苏格拉底询问我没记住的东西，然后回来进行修正。就这样，我几乎把整场谈话都写下来了。[②]

① “μειράκιον”指青春期男孩，可译为“小青年”、“小伙子”之类。LSJ 提到，“μειράκιον”指二十一岁以下（Plutarchus. *Brutus*. 27），或二十岁左右（Lucianus. *Dialogi Mortuorum*. 9.4）。《理想国》497e-498a 提到，“μειράκιον”是已经脱离了“儿童”（παῖς）时期，又尚未到担负养家糊口之责的这个阶段。L. Dean-Jones 指出，在某些希波克拉底派医学记载中，“μειράκιον”与“νεανίσκος”差不多同义，常被用来指十四岁至二十一岁这个年龄段当中靠后阶段的男性（见 J. E. Grubbs 和 T. Parkin 主编的 *The Oxford Handbook of Childhood and Education in the Classical World*, Oxford UP, 2013, pp. 110-112）。综上所述，我们可认为“μειράκιον”大致表示十六至二十一岁之间的青春期男孩。

② 欧几里德说他从苏格拉底那里听到这场对话并写了下来，这显然是柏拉图的文学虚构，而且这里似乎存在一个漏洞：根据本篇对话录末尾，苏格拉底在与泰阿泰德交谈完了之后，就去应付诉讼，接着就应该是接受审判并被处死了，欧几里德又怎么可能多次去雅典向苏格拉底咨询有关对话内容并做出修订呢？如果说这不是漏洞，那么只能求援于《斐多》的说法：苏格拉底在受审和最后被处死之间在牢里呆了较长一段时间（参考：Chappell，p. 25；Guthrie，p. 64，n. 1）。

忒：没错，我以前听你提过；我一直想让你拿出来看看，可是耽误到了现在。如今有什么东西会妨碍我们把它过一遍呢？我已经从乡下走到这儿，实在需要歇一下。

欧：[143b] 好吧，我从伊利纽[①]开始就陪着泰阿泰德走，所以歇一下当然没问题。来吧，我们歇着的时候，让伙计[②]来读。

忒：说得对。[③]

欧：书[④]就在这儿，忒尔西翁。我是这样把那场谈话写下来的，不是让苏格拉底像对我转述那样进行转述，而是让苏格拉底跟他的对话人进行对话。他说，跟他对话的人有几何学家塞奥多洛，还有泰阿泰德。[143c] 当苏格拉底谈到自己的时候会说，“我说”或者“我讲”，而在他提到回答者的时候会说，“他同意”或者“他不同意”，为了避免谈话中间这些叙述用语带来干扰，以便让他直接与那些人对话，我在写作的时候就把它们省略了。[⑤]

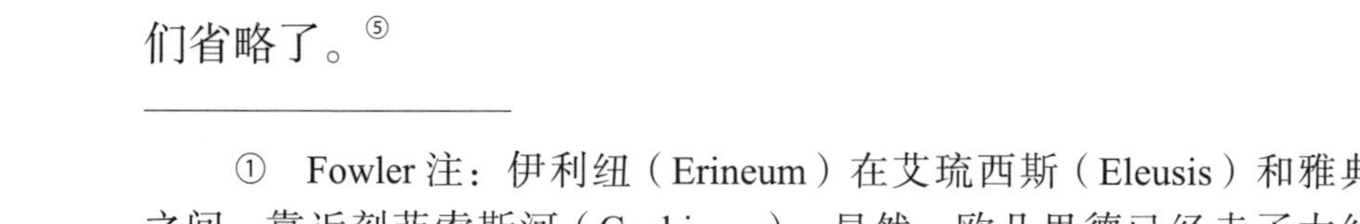

① Fowler 注：伊利纽（Erineum）在艾琉西斯（Eleusis）和雅典之间，靠近刻菲索斯河（Cephissus）。显然，欧几里德已经走了大约三十英里了。

② 希腊文“παῖς”的本义是“孩子”，在这个语境里表示“仆人”或“佣人”之类；这里译作“伙计”，因为“伙计”不仅用作一般名词，而且也适合用作呼语，参考《泰阿泰德》143c8。

③ 前面欧几里德和忒尔西翁之间的对话地点应该是在麦加拉的某条街道上。从下面开始，对话地点可能从麦加拉的街道上移到了欧几里德的家里。

④ 古希腊人所谓“书”（βιβλίον）通常指抄写在莎草纸上的卷轴。

⑤ 这里提到的写作方式的改变提示了柏拉图本人前后两种写作风格的转变。有些学者把这种转变看作划分柏拉图对话录年代次序的证据之一。

忒：这不算什么出格的事，欧几里德。

欧：那好，伙计，把书拿来读吧。[①]

* * * * * * *

对话人：苏格拉底（简称“苏”）

塞奥多洛（简称“塞”）

泰阿泰德（简称“泰”）

苏：[143d] 如果我更关心居勒尼[②]的事情，塞奥多洛呀，那么我会向你打听那个地方的情况：那里有没有年轻人致力于几何学，或者其他某种学术[③]。但是，眼下我更喜欢的还是本地

① 从开头至此是铺垫部分，此后的内容是仆人读的内容，也是本篇对话录的主体部分。值得注意的是，本篇对话录后面再也没有返回欧几里德和忒尔西翁之间的对话。我们很难相信，这个铺垫性对话的管辖范围可以延伸到《泰阿泰德》的后续对话录《智者》和《政治家》（若是这样，它们也会是欧几里德写下来的并且由这位仆人所读的内容），这不仅是因为《智者》和《政治家》同样没有回到这场铺垫性的对话，更因为它们跟这场铺垫性对话缺乏内在的关联：它们不像《泰阿泰德》那样展现泰阿泰德的个人才华，甚至在《政治家》中泰阿泰德毫无地位。本篇对话录后面的对话在苏格拉底、塞奥多洛和泰阿泰德三人之间进行，对话地点是在雅典的某处运动场（参考 144c），对话时间是公元前 399 年苏格拉底去世前不久（参考 210d）。

② 居勒尼又译作昔兰尼，是古希腊人的一个殖民城市，位于今天的利比亚，在地中海沿岸。塞奥多洛是从居勒尼到雅典从事教学的几何学家。

③ 其他某种学术：τινα ἄλλην φιλοσοφίαν。“φιλοσοφία”通常译为“哲学”，但是它在这里的含义显然比我们习惯上所说的“哲学”要广泛得多，即，它表示包含几何学、算术、天文学和自然哲学等等在内的一切“知识—学术”（参考德文 Wissenschaft）。

人，而不是那里的人，所以更有兴趣**知道**（εἰδέναι）[①]，我们的年轻人当中谁有望成为杰出人物。这是我尽全力在考察的一件事，我也询问过其他一些人，也就是那些我发现年轻人愿意追随的人。确实有不少人追随在你身边，[143e] 这很公道，因为你在几何学和其他一些方面值得他们追随。如果你遇到过值得一说的人，我很愿意打听一下。

塞：苏格拉底呀，我还真遇到了你们城邦的一位小青年，非常值得我一说，也非常值得你一听。如果他是一个美男子，那我就完全不敢提他，免得有人以为我爱上他了。实际上，他并不美，像你一样塌鼻梁、凸眼睛，不过程度还不如你——我这么说你可别生气啊。[144a] 这样我说话就没什么顾忌了。我向你保证，我接触过的人相当多了，在我遇到过的人里面，还没有发现哪一位有这么让人佩服的卓越天赋。他的学习能力很强，其他人很难比得上，脾气又格外地好，而且还有过人的勇气。我以前没想到会有这样的人，更别说见过。那些像他那样敏锐、聪慧而且记性好的人通常容易急躁，他们到处乱闯，就像没有压舱物的船，[144b] 他们不是倾向于勇敢而是蛮横；而那些比较沉稳的人则有些迟钝和健忘，不善于学习。但是，这位

① 希腊语有三个动词都被用来表示“知道”或“认识”，分别是“εἰδέναι”、“γιγνώσκειν”与“ἐπίστασθαι”，它们有时候被用作完全同义、可以互换的词，有时候在具体应用上会有微妙的差别。柏拉图在本篇对话录中基本上是混用它们，没有做出特别的区分。在汉语译文里，我们也不在“知道”与“认识”之间做严格区分，尽管这两个词在具体应用上也会有某些微妙的差别（如，“知道”更倾向于表示事件而非活动方面的含义，“认识”比“知道”更适合于表示过程、活动方面的含义，等等）。

小伙子在学习和探究的道路上走得平稳、踏实而且富有成效，性情还特别温和，就像油一般无声地流着：我实在佩服他在这么小的年纪就达到如此地步。

苏：这真是个好消息。不过，他是我们哪位公民的孩子？

塞：我听过名字，但是记不住了。[144c] 不过，正朝我们走来的这些人，中间的那位就是他。他和伙伴们刚才在外侧跑道给自己抹油，现在好像抹完了，正往这边走。你看看，是不是**认识**（γιγνώσκεις）[①]他。

苏：我认识。他是索尼昂地区欧佛洛纽的儿子，那个人就是你刚才提到的这种人，而且在其他方面也很有声望，甚至还留下了相当多财产[②]。但是我不知道这小伙子的名字。

塞：[144d] 苏格拉底呀，他的名字叫作泰阿泰德。至于财产，我想已经被托管人挥霍了。不管怎么样，苏格拉底，他对于钱财也是出奇地慷慨大方。

苏：你把他说得很有君子风范。把他叫到这儿来吧，坐在我们边上。

塞：当然可以。泰阿泰德，过来吧，到苏格拉底边上来。

苏：来吧，泰阿泰德，我要瞧一下自己的相貌是什么样子。

---

① 这里的“γιγνώσκεις”（γιγνώσκειν）意思更接近“recognize”（辨识、认出）。

② 财产：οὐσία。该词与哲学术语“οὐσία”（是／所是／存在／本质／本体／实体）是同一个词。“财产”（property）的意思也就是“自有的东西”（property 的拉丁词源 proprius 表示某人或某物“自身属有的东西”），而“οὐσία”的词源含义与“本己性”、“自身性”相关。

因为塞奥多洛说我的相貌跟你的相貌长得相似。[144e] 不过，如果现在我们各自拥有一把里拉琴，他说它们的音调得相似，我们是直接相信他的话，还是应该首先考察一下，说这话的人是不是懂音乐的人？

泰：我们应该先考察一下。

苏：如果我们发现他是懂音乐的，那么就相信他的话，如果他是不懂音乐的，就不相信，对吧？

泰：没错。

苏：现在，我认为，如果我们关心我们在相貌方面的相似性，[145a] 那么，我们就应该考察一下，说这个话的人是不是懂绘画。

泰：我也这么认为。

苏：那么，塞奥多洛是一位肖像画家吗？

泰：据我所知，他不是。

苏：他也不是几何学家吗？

泰：他绝对是，苏格拉底。

苏：那么，他也懂天文学、算术、音乐乃至其他教育科目吗？

泰：我认为是这样。

苏：如果他说我们在身体的某个方面是相似的，不管是赞美还是贬低，这不值得报以太多关注。

泰：不太值得。

苏：[145b] 但是，如果他赞美我们其中一位在灵魂[①]方面

① “ψυχή”通译为“灵魂”。在有些语境中可以直接理解为“心灵”，尤其在它表示思考或理智活动的主体的时候。

的德性（ἀρετή）[①]和智慧（σοφία）呢？听到的这位岂不是很值得赶紧去考察一下被赞美的那位，而被赞美的人要赶紧把自己展现出来？

泰：当然，苏格拉底。

苏：那么，亲爱的泰阿泰德，现在你就来展现一下，而我来进行考察。我向你保证，塞奥多洛在我面前赞美过很多人，包括外邦人和本城人，但是都不如刚才他对你的赞美。

泰：那倒挺不错，苏格拉底。不过他说的可别是玩笑话。

苏：[145c]那不是塞奥多洛的风格。不要借口说他在开玩笑而取消你刚才同意过的话——免得逼迫他去举证——再说绝对没有任何人会指控他做伪证。来吧，鼓起勇气，守住你同意过的话。

泰：如果你这么认为，我就必须要这样做了。

苏：那么，你告诉我，你正在跟塞奥多洛学习几何学方面的某些东西吗？

泰：是的。

苏：[145d]还有天文学、和声学和算术，对吗？

泰：我也在努力。

① “ἀρετή”在柏拉图的文本中常被译作“美德”，而在亚里士多德的文本中常被译作“德性”。“德性”的含义似乎更为宽泛和“中性”一些；当谈到一般的事物也有其“ἀρετή”（好品质、能力、功用）的时候，“德性”这个译法显然比“美德”更好。柏拉图谈论的“ἀρετή”通常指人（在灵魂方面）的好品质，这时候译为“美德”是可行的；不过，他有时候也在更一般的意义上使用这个词（如《高尔吉亚》506d-e），这时候最好译作“德性”。实际上，哪怕谈论人在灵魂方面的好品质，“德性”这个词也是能胜任的。为了术语上的统一，我们尝试把“ἀρετή”通译为“德性”，而放弃“美德”这个译法。

苏：小伙子，我也是这样的，希望从他和其他在我看来懂得这些东西的人那里学习。尽管在其他一些方面我进展得还不错，但是对一个很小的方面感到困惑，想跟你还有在场这些人一起来考察一下。请你回答我："学习"岂不是在一个人所学的那个东西方面变得更为智慧[①]，对吗？

泰：当然。

苏：我想，"智慧的人"由于"智慧"而是"智慧的"。

泰：对。

苏：[145e]这个东西跟"知识"（ἐπιστήμη）有什么差别吗？

泰：什么东西？

苏：智慧。在哪方面有知识也就是在哪方面是智慧的，不是么？

泰：确实是。

苏：那么，知识与智慧是同一个东西，对吧？[②]

---

① "更为智慧"是"智慧的"（σοφός，英文 wise）的比较级。形容词"σοφός"与下文的名词"σοφία"（智慧）是同根词。PCW 注：如果读者在心里用"expert"（内行的）和"expertise"（专业本领）来替代这里所谓"智慧的"和"智慧"，那么此处的论证会更容易理解一些。

② 有多个词被柏拉图用来表示"知识"、"智慧"、"认识"、"学问"等相关含义，包括 ἐπιστήμη、σοφία、φρόνησις、νοῦς、τέχνη、μάθημα 和 γνῶσις，等等。我们不妨对此做一些基本辨析。（1）σοφία 通常翻译为"智慧"（wisdom），偏指灵魂或心灵的"德性"与"能力"，也指一个人的心灵在理智维度上的成全或成就，故而，一个有智慧的人，往往指其理智在总体上达到完善的人。有时候，"智慧"（σοφία）也被用来指一个人关于某个领域的理智性成就，这时候它相当于某种专业本领、专业知识，expertise，在这个意义上它与 τέχνη、μάθημα 等有时被互换

泰：对。

苏：我感到困惑的正是它，我自己不能够充分地把握这点：

使用。（2）φρόνησις 经常被用作与 σοφία 同义，但主要是在 σοφία 的前一种含义而非后一种含义上；而且，如果说 σοφία 强调理智能力的“成就”（从而更具有评价性意涵），那么 φρόνησις 可能侧重这种“能力”本身（从而有时候可以用来表示“智力”）。（3）νοῦς 的用法比较复杂，在一些语境中可以指“理智能力”、“理解力”（understanding），在这个意义上与 φρόνησις 有相通之处。（4）τέχνη 主要表示关于某个领域的技能或知识；就技能讲，它可能直接与行为或实践相关，就知识讲，它可以具有某种程度的理论性，甚至纯理论性。“领域性—专业性”而不是“制作性—实践性”是 τέχνη 的本质特征，故而，未必与实践直接相关的某门学问也可以称为一门 τέχνη，例如算术。尽管我们主要将“τέχνη”翻译为“技艺”，但是，有些语境中“专业知识”（甚至“科学”）会是更好的翻译。与 τέχνη 相对应的认知动词通常是 ἐπίστασθαι（精通、通晓）。（5）μάθημα 在词源上表示“学习到的东西”，从而更倾向于表示在教学活动中所传授和学习的内容，故而它通常被我们翻译为“学问”或“学识”（英文也有直接译作 knowledge 的），就其通常是“领域性”或“专业性”的而言，它与 τέχνη 有相近处，故而有时两者被互换使用。（6）γνῶσις 主要指一个人对于某个特定事物（而非一整个领域）的“认识”（knowing），其心灵关于该事物所处的认知状态。与 γνῶσις 相对应的动词主要是 γιγνώσκειν（或 εἰδέναι）。（7）ἐπιστήμη 通常被译为“知识”，这个词的复杂性在于，它跟上述那些语词都有某种或近或远、或直接或间接的关联性，而且在特定语境中被拿来与它们互换使用。

此处，苏格拉底把 ἐπιστήμη 与 σοφία 等同起来，这本身就给这两个词的含义带来了某种限定。紧接着，苏格拉底提出“ἐπιστήμη 是什么”的问题，试图对 ἐπιστήμη 的本质进行一番探究。当泰阿泰德列举几何学和制鞋术等诸科学（ἐπιστῆμαι）和诸技艺（τέχναι）作为 ἐπιστήμη 的例子之时，苏格拉底要求对于“ἐπιστήμη αὐτό”（**知识本身**）是什么给出一个界定（《泰阿泰德》146e9），这是寻求在最抽象的层面上对于 ἐπιστήμη 概念的理解。

知识究竟是什么。[146a] 我们能来对它做个说明[①]吗？你们觉得怎么样？我们当中谁第一个来说？出错的人，或者无论谁只要轮到他的时候出错了，就像孩子们在玩球的时候说的，必须坐下当驴，而不出错、顺利过关的人就当我们的王，可以命令我们回答任何他想问的问题。你们怎么不说话？塞奥多洛，我**对论证的热爱**（φιλολογία）该不会让我显得太无礼吧，因为我确实很想让我们进行讨论，使我们友好相处、彼此谈得来。

塞：[146b] 苏格拉底，这根本算不上什么无礼。不过，还是让某个年轻人来回答你的问题吧。我不太习惯这种讨论，我都这把年纪了，也养不成这个习惯了。但是对于他们来说正合适，而且还会得到很大的进步。事实上，年轻人总有进步的余地。来吧，像刚开始那样，不要放过泰阿泰德，向他提问吧。

苏：泰阿泰德，你听到塞奥多洛说的话了吧。[146c] 我想，你不愿意违背他吧，再者说了，年轻人在这些事情上违背一个有智慧的人的吩咐是不恰当的。来吧，大大方方地告诉我：你认为，知识是什么？

泰：苏格拉底，既然你们吩咐了，我就必须回答。假如我犯错了，你们一定要纠正。

苏：那当然，只要我们能够做到。

泰：好吧，我觉得，一个人可以从塞奥多洛那里学到的

① 说明：λέγειν。动词“λέγειν”的含义很广泛，从一般性的“谈论”，到更具针对性的“描述”和“说明”，乃至最具针对性的“定义”。含义异常丰富的“λόγος”是该动词的同源名词。

东西就是一些**知识**（ἐπιστῆμαι）[①]，包括几何学和刚才你谈到的那些。[146d] 此外还有制鞋术和其他各种工匠的**技艺**（τέχναι）[②]，无论它们合起来讲还是单独来讲，不会是别的，就是知识。

苏：小家伙，你确实慷慨、好施[③]，我只要求一个，你却施舍很多，而且还是复杂多样的，不是简单的。

泰：你这话是什么意思，苏格拉底？

苏：或许啥意思也没有；不过，我会把我想到的告诉你。当你说到制鞋术的时候，你的意思是属于制作鞋子方面的知识，而不是别的，对吧？

泰：对，不是别的。

苏：[146e] 当你说木工技艺的时候呢？除了属于制作木器方面的知识，会是别的吗？

泰：没别的。

苏：在这两种情况下，你界定了两种知识各自“**属于什么**”（οὗ）[④]，对吗？

泰：对。

---

① “ἐπιστῆμαι”是“ἐπιστήμη”（知识、科学）的复数形式。

② “τέχναι”是“τέχνη”（技艺、专业知识）的复数形式。

③ 好施：φιλοδώρως。这里可能是双关语，一方面表示热爱施舍，另一方面表示热爱塞奥多洛（Θεόδωρος）。

④ 属格“οὗ”既可以表示“属于什么”（属于谁），也可以表示“关于什么”。知识“属于什么”在这里说的是知识的所属领域，或者某门“知识—技艺”的拥有者（专家）；知识“关于什么”说的是知识的对象。此处语境中的属格应该指前者，而非后者。

苏：但是，泰阿泰德，目前的问题不是知识属于什么，也不是有多少种；因为我们刚才提问的时候，并不希望数算它们，而是希望**认识**（γνῶναι）**知识本身**（ἐπιστήμη αὐτό）究竟是什么。或者，我的话没有什么意义？

泰：不，你的话很正确。

苏：[147a]请你再考察一下这点。假设有人问我们某个浅显、日常的问题，例如，“泥是什么”，如果我们回答他，有陶工的泥、灶工的泥、砖工的泥，那么，我们不是很可笑吗？

泰：会是这样。

苏：首先，我们竟然以为，在说及“泥”的时候，只要附加上“塑像工人的”或者其他某种工匠的，[147b]提问的人就能够从我们的回答中理解“泥”。难道你认为，某人在**不知道**（μὴ οἶδεν）一个东西“是什么”的情况下，会**理解**（συνίησιν）这个东西的名称？

泰：绝对不会。

苏：所以，一个**不知道**（μὴ εἰδώς）“知识”[是什么]的人不理解关于鞋的知识。

泰：确实不理解。

苏：所以，一个**不认识**（ἀγνοῇ）“知识”[是什么]的人不理解制鞋术，也不理解其他任何技艺。

泰：是这样。

苏：所以，对于“知识是什么”这个问题，当某人用某种技艺的名称来回答，那么，这个答案是可笑的；[147c]因为他回答了知识属于什么，而这不是所问的东西。

泰：好像是这样。

苏：其次，我们本可以给出浅显而简短的回答，却在没有尽头的路上兜圈子。例如，关于“泥”的问题，可以浅显而简单地说，“泥是土混合了液体”，不必理会它属于什么。

泰：苏格拉底，这么说来，现在问题就显得容易了。你所问的东西很可能跟最近我们讨论到的东西相似，[147d] 也就是我和这位跟你同名的苏格拉底[①]所讨论到的东西。

苏：什么东西，泰阿泰德？

泰：这位塞奥多洛在谈到**平方根**（δύναμις）[②]的时候，曾经给我们画图形，其中，面积为三平方尺和五平方尺的正方形的边长无法用一尺做单位来度量，就这样，他逐一举例，直到面积为十七平方尺的正方形，这时候他停了下来。我们产生了一个想法：既然平方根的数量看起来是无限的，就应该尝试把它们归为一类，[147e] 用它来称呼所有平方根。

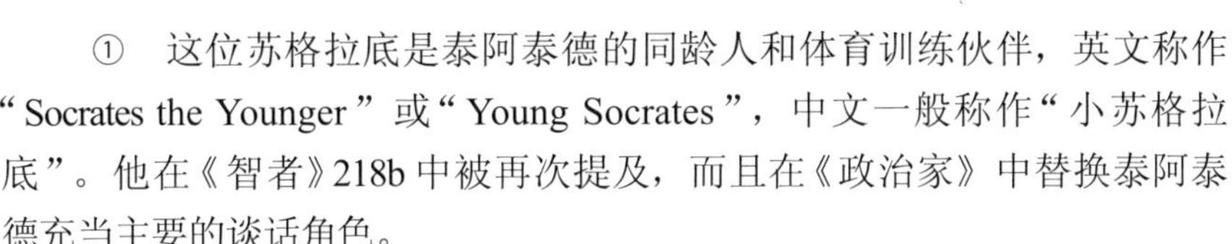

① 这位苏格拉底是泰阿泰德的同龄人和体育训练伙伴，英文称作“Socrates the Younger”或“Young Socrates”，中文一般称作“小苏格拉底”。他在《智者》218b中被再次提及，而且在《政治家》中替换泰阿泰德充当主要的谈话角色。

② 平方根：δύναμις。“δύναμις”的原义是“能力”（power），在这里用作数学术语。需要注意的是，英文的“power”被用来表示“幂”（乘方），而“δύναμις”反而表示“根”。不过，当时数学术语尚未固定化，所以这个词在数学上也可能有不同的含义。在148a-b中，它被用来特指“不尽根”。在柏拉图的时代，算术问题常常与几何问题交融在一起，记住这点对于理解这里的文本会有帮助。希腊数学家常常不是直接谈论我们所谓的$\sqrt{3}$、$\sqrt{5}$等等这些“无理数”，而是从几何方面谈论面积为3、5等等的正方形的边长（即“平方根”）。

苏：你们发现这种东西了吗？

泰：我觉得我们发现了。请你来检验一下。

苏：你说吧。

泰：我们把所有的数划分为两类；一类是相等的两个数相乘而得到的数，我们用正方形来图示，并称之为“正方形数”或“等边形数”。

苏：很好。

泰：在这类数中间的那些数，例如三、[148a] 五，以及每一个不能靠相等的两数相乘得出，而只能由大数乘以小数或小数乘以大数得出的数，它总是由一大一小两边构成，我们用长方形来图示，称之为“长方形数”。

苏：好极了！接下来是什么？

泰：在平面上构成等边形数的四条边，我们界定为“长度”，构成长方形数的四条边，[148b] 我们界定为“平方根”[①]，因为它们不能用别的长度来度量，只能用它们作为平方根的平面来度量。立体的情况[②]跟这类似。

苏：太完美了，小伙子！我觉得，塞奥多洛不会有作伪证之虞了。

泰：但是，苏格拉底，我确实不能够像回答长度和平方根的问题那样回答关于知识的问题，尽管我觉得你要寻找的是类似这种回答。所以，这表明塞奥多洛还是说了假话。

苏：[148c] 怎么？如果他在跑步方面赞扬你，说，从没见

---

① 此处的“平方根”（δύναμις）专指“不尽根”。

② Fowler 注：也就是立方数和立方根数。

过哪个年轻人如此善跑，但是你在赛跑当中输给了正当壮年的冠军，那么，你会认为，他的赞扬没那么真了吗？

泰：我不认为。

苏：那么，关于知识的探究，你认为它是一个小问题，就像我刚才说的那样[①]，而不属于很高端的问题吗？

泰：宙斯在上，我认为它属于最高端的问题。

苏：那么，你对自己要有信心，相信塞奥多洛的话，[148d] 要专心用尽各种方式尤其对知识**得出说理**[②]：它究竟是什么。

泰：苏格拉底，如果有专心就行，那么会弄明白的。

苏：那就继续吧。既然你刚才起了个好头，那就尝试一下，仿照那个关于平方根的答案，也就是把众多平方根归结为单一类型，现在用单一**说理**（λόγος）[③] 来表述多种知识。

---

① 参见 145d。

② “λαβεῖν λόγον”这里译作“得出说理”，或可译作“得出解释”、“得出界说”，与 175d 处“λόγον διδόναι”（给出说理、给出解释）的意思形成对照。“λαβεῖν λόγον”很难得到准确翻译，因为很难确定“λόγος”的含义，它游移在泛泛的“表述 / 陈述”与严格的“定义 / 界定”之间。英文译法主要有：to get information（Paley）、to obtain a right definition（Kennedey）、finding a definition（Cornford、Chappell）、“to gain an understanding”（Fowler）、getting a statement（PCW）、to grasp a speech（Benardete）、to get hold of an account（McDowell）。Schleiermacher 的德文译法：die Erklärung zu finden。关于“说理”这个译法，参考 201c 处关于“λόγος”的注释。关于“λόγος”的多重含义，还可以参考本篇对话录 206c 以下的讨论。

③ 参考上注。英文译法主要有 definition（Kenedey、Jowett、Fowler），formula（Cornford），account（PCW、McDowell、Waterfield、Chappell）。另参考 Schleiermacher 的德文译法：die Erklärung。

泰:[148e]苏格拉底，我向你保证，当我听到你提的这个问题，好多次尝试去思考它，但是，我既没能给出让自己充分信服的说法，也没有听别人说过你所要求的答案。[①]不过，我也不能摆脱对这个问题的关切。

苏：亲爱的泰阿泰德，你在经历阵痛，因为你不是腹中空空，而是怀孕了。

泰：我不知道，苏格拉底；我只是说出我经验到的东西。

苏:[149a] 你可真有意思，难道你没有听说过，我是优秀而健壮的助产婆斐那瑞特[②]的儿子？

泰：我确实听说过。

苏：那么，你有没有听说过，我也从事同一门技艺？

泰：从来没有。

苏：对于这点，我可以向你保证。不过，你可不要透露给别人。因为，朋友啊，别人都没觉察到我有这门技艺。这些人由于不知道这点，也就不会这样来说我。他们说我是个大怪人，总是使人陷入困惑。[③]你听说过这个吧？

泰:[149b] 我听说过。

苏：要我把其中的原因告诉你吗？

泰：当然。

---

① 在 201c，泰阿泰德说，他听说过别人关于知识是什么的界定，不过他忘记了，当时才想起来。

② “Φαιναρέτης”（音译“斐那瑞特”）这个名字的字面意思是“显明德性的人”。

③ 参考《美诺》80a 以下。

苏：你思考一下助产婆从事的整个事情，就会更容易明白我的意思。你该知道，没有人在自己还能怀孕和生育的时候去做助产，只有那些已经不能生育的人才会去做。

泰：当然。

苏：据说这个事情的原因在于阿尔忒弥斯（Ἄρτεμις）[①]，她是没有过婚育的，但是却掌管生育方面的事。[149c] 她禁止不育的人做助产，因为人类的天赋还不足以在缺乏经验的方面获得技艺，但是，她指派那些因上了年岁而不再生育的人做助产，因为她尊重这些跟她自己相似的人[②]。

泰：有这种可能。

苏：下面这点也有可能，甚至是必然的：没有人比助产婆更加知道谁怀孕了，谁没有怀孕，对吗？

泰：当然。

苏：助产婆使用药物和咒语，能够引起阵痛，[149d] 如果她们愿意，也能起缓和作用；她们还能使那些分娩困难的人得以生产，或者，如果[胎儿]幼小时[③]她们认为要流产，也能促

① 阿尔忒弥斯是希腊神话中一位女神的名字。

② 这里说的“相似”应该指“不生育”，不是“上了年岁”，因为阿尔忒弥斯是一位处女神，永葆青春。

③ 各种抄本此处均出现了“νέον ὂν”（表示“是幼小的”），但是有些学者认为此句不通，即使增补“胎儿”作为主语也不很通，因为“νέον”（幼小）通常不用来描述胎儿，于是他们猜测抄本有所错漏。Schanz 猜测原文为“νόμιμον”（合法的），Heindorf 猜测为“δέον”（有需要的），Fowler 猜测为“ἀνετέον”（允许的）。但是这些仅仅是猜测。我们这里依据抄本译出，并补充“胎儿”为“νέον ὂν”的主语。

使流产。

泰：是这样。

苏：还有，关于她们，你难道没有察觉到这点：她们还是最聪明的媒人，因为她们在这方面有完全的智慧，知道什么样的男女结合可以生育出最优秀的孩子。

泰：我完全不知道这点。

苏：我向你保证，相比于剪脐带而言，她们在这方面更感到自豪。[149e] 想一下：你认为，培植和收获庄稼的**知识**（τὸ γιγνώσκειν），跟什么土壤适合什么植物或种子的知识，是同一门还是不同的技艺？

泰：它们属于同一门技艺。

苏：那么，朋友，在女人这方面，你认为播种技艺和收获技艺不一样吗？

泰：这不太可能。

苏：[150a] 确实不可能。不过，由于有一种不正当的和**不专业的**（ἄτεχνον）男女配对，也就是所谓"淫媒"，所以助产婆出于尊严不愿意做媒，免得受到这方面的指责，尽管只有真正的助产婆才有资格正确地做媒。

泰：显然。

苏：助产婆的作用这么大，但是比不上我的作用。因为女人不会有时生出**幻影**（εἴδωλα），[150b] 有时生出**真的[孩子]**（ἀληθινά），从而不容易判别。如果出现这样的事，助产婆最伟大和最高贵的任务就是去判别真与不真。你认为不是这样吗？

泰：我认为是这样。

苏：我的助产术跟她们的在其他方面都一样，不同的地方在于，我的助产术针对男人而不是女人，检查他们在灵魂方面而不是身体方面的生育情况。我的[①]这门技艺最重要之处在于，[150c]它能够通过各种方式考验年轻人的思想究竟生出了幻影和假的东西，还是能存活的和真的东西。在智慧方面我是不育的，就这方面来说我跟助产婆有共同点。这方面已经有许多人批评我，说我总是向别人提问，自己却因为没有任何**智慧**（τὸ σοφόν）而不能对任何东西做出阐明。这个批评没有错。其中的原因是这样的：神迫使我做助产，但是禁止我生育。[150d]所以，我自己根本不是有智慧的人，我也没有生出什么这一类的发现可以充当我的灵魂之子。

但是，那些追随我的人，尽管一开始有些人显得非常无知，不过，随着交流的进展，在神的应许之下，他们全都取得了惊人的进步；他们自己这样觉得，别人也这样觉得。很明显，他们从来没有在我这儿学到什么，而是自己从自己那里发现并且生出了很多可贵的东西。但是，助产要归因于神和我。[150e]通过下面这件事就可以看得很清楚。曾经很多人不知道这点而归因于他们自己，藐视我，出于自己或别人的说服，在不应当离开的时候提前离开了我，他们离开之后，由于追随一些糟糕的人，留下来的东西都流产了，而那些以前我接生出来的孩子受到糟糕的对待，都死掉了，因为他们把假的东西和幻影看作

① 希腊文为“ἡμέτερος”，意思是“我们的”，不过在有些场合可以指“我的”。

比真的东西[1]更重要。最终，他们还是无知的人，他们自己这样觉得，别人也这样觉得。

[151a] 其中一个是吕西玛库的儿子阿里斯底德[2]，还有其他许多人。当这些人回来，费尽心机央求重新追随我，对于其中有些人，我的守护神阻止我跟他们交往，对于另一些人，它又允许我跟他们交往，而他们又会有所进步。那些追随我的人遭受的情况跟处于分娩状态的女人一样；他们感到阵痛，日夜充满困惑，甚至比女人分娩还要厉害得多。我的技艺能够引起这种阵痛，[151b] 也能消除它。

这些人的情况就是这样。但是有时候，泰阿泰德，一些人在我看来并没有怀孕，我知道他们并不需要我，不过我还是好心去撮合他们，得神保佑，我总能猜准，追随谁对他们有利。我把其中许多人打发到普罗迪科[3]那里，还把许多人打发到其他智者和通灵的人那里去了。

小伙子呀，我跟你细说这些东西是缘于这点：我猜想——正如你自己觉得——你心里怀上了某个东西，正感到阵痛。[151c] 既然这样，你就到我这儿来，因为我是助产婆的儿子，自己也懂助产术，当然你也要用心，尽可能回答我提的问题。

---

① “假的东西”和“幻影”的希腊原文为复数形式，而“真的东西”原文（τὸ ἀληθές 的属格形式 τοῦ ἀληθοῦς）为单数形式。“τὸ ἀληθές”是形容词前加上定冠词形成的单数中性名词，有时候等同于抽象名词（ἡ ἀλήθεια），故也可译为抽象的“真”。

② PCW 注：在《拉凯斯》中，苏格拉底讨论到了两个青年人的教育问题，而这位阿里斯底德就是其中一个（参见《拉凯斯》178a-179b）。

③ PCW 注：普罗迪科是一位著名的智者。参见《普罗泰戈拉》315d，337a-c，358a-b。

如果我对你所说的某个东西进行一番考察，断定它是幻影、不真的东西，然后把它悄悄地取走并丢掉，你不要忿怒，就像生头胎的女人被夺走了孩子一样。因为，小伙子呀，很多人就是这样来对待我的，他们随时准备咬我；如果我把他们的某些蠢念头拿掉的话，他们不认为我这么做是出于好意；因为他们完全不知道，[151d] 没有哪位神对人有恶意，我也没有做过这类出于恶意的事；只不过，对我而言容忍“假”而埋没“真”是绝对不应当的。

所以，泰阿泰德，从头再来吧，试着说出来，知识是什么；千万不要说你不能办到。因为，如果神恩准而且你有勇气，你就能够办到。

泰：好吧，苏格拉底，既然你都这样鼓励了，如果还有人不想方设法说出自己能说出的东西，那就太丢脸了。[151e] 依我看，**认识**（ἐπίστασθαι）某个东西的人**感觉到**（αἰσθάνεσθαι）所认识的这个东西，所以我现在觉得，**知识**（ἐπιστήμη）无非就是**感觉**（αἴσθησις）。[①]

苏：很好，非常直率，小伙子！就应该这样直白地说出来。

---

① 名词“ἐπιστήμη”和“αἴσθησις”各自可以有几方面含义：表“活动”、表“能力”、表“结果 / 状态”。如果从活动方面来理解，那么，就它们与动词不定式加上定冠词形成的名词意思相当：“ἐπιστήμη”相当于“τὸ ἐπίστασθαι”（更接近于英文的 knowing 而不是 knowledge，这时候中文最好译作“**认识**”而不是“**知识**”），“αἴσθησις”相当于“τὸ αἰσθάνεσθαι”。此处文本中“ἐπιστήμη”和“αἴσθησις”究竟倾向于表示哪个或哪些含义，读者可根据语境做出自己的判断。“αἴσθησις”在英文里通常被译作“perception”，不过它兼有“sensation”的含义。

现在让我们一起来考察，看它究竟是活卵还是风卵。[①] 你说：知识就是感觉，对吧？

泰：对。

苏：你说的这个关于知识的**说理**（λόγος）不算肤浅的，［152a］它还是普罗泰戈拉曾经说过的。只不过，他用别的方式说了同样的东西。因为他曾说过，“人是一切事物的尺度，既是‘**是的东西**’之‘**是**’的尺度，也是‘**不是的东西**’之‘**不是**’的尺度。”[②]你应该读过吧？

泰：我读过好多次。

苏：他的意思是不是这样：每个东西对我**显得**（φαίνεται）[③]

① 形容词“γόνιμον”（能存活的、有生命力的、受精了的）和“ἀνεμιαῖον”（字面上表示“风的”、“有风的”，这里表示“无生命力的”、“未受精的”）用来形容所孕育的胎或卵之类，我们姑且分别以名词译作“活卵”和“风卵”。“活卵”就是受精卵，“风卵”即没有受精的卵。

② “ἔστι”在这里不译作“存在”而译作“是”。人是“是的东西”之“是”的尺度，也是“不是的东西”之“不是”的尺度，这话听起来可能有些费解，这里简单做些说明。凡可以被说“是如此这般”的东西在希腊语里面抽象地统称为“是的东西”或“是者”（希腊文“τὸ ὄν”，复数“τὰ ὄντα”）。例如，某人说“风是冷的”，这意味着，风这样一种“是的东西”被说成“是”如此这般的；另一个人说“风不是冷的”，这意味着风这样一种“不是的东西”被说成“不是”如此这般的。按照普罗泰戈拉的说法，风究竟“是”抑或“不是”如此这般的，完全取决于说话者本人，也就是由他本人来“衡量”，其他人无权代替本人做出“衡量”。当然，以上说明只是为了帮助读者理解“是的东西之是”、“不是的东西之不是”这些表达式，还够不上对普罗泰戈拉的主张的精确解释。

③ “对我显得”（ἐμοὶ φαίνεται）这个表达式通常可以理解为“我觉得”、“在我看来”。 简单地说，在希腊语里面，“事物对我**显得**怎样”

怎样，那么它对我而言就**是**（ἔστιν）怎样，对你**显得**怎样，那么对你而言就**是**怎样——因为你和我都是人？

泰：他就是这样的意思。

苏：[152b]一个有智慧的人大概不会瞎说；那么就让我们跟上他[①]。有时候，同一阵风吹过，我们当中有人发冷，也有人不发冷，对吧？或者，有人稍微发冷，而有人冷得厉害，会不会？

泰：当然会。

苏：这个情况下，我们要说，这阵风本身就其自身而言是冷的还是不冷的？还是说，我们要听信普罗泰戈拉，也就是说，这阵风对发冷的人而言是冷的，对不发冷的人而言是不冷的，对吗？

泰：似乎是这样。

苏：这阵风对两个人各自**显得**那样。

泰：对。

苏："**显得**"（φαίνεται）也就是"**感觉到**"（αἰσθάνεσθαι）。[②]

泰：是。

苏：[152c]所以，就"温暖"以及这类东西而言，"**显现**"（φαντασία）跟"**感觉**"是同一个东西。[③]因为，各人**感觉到**怎

与"我**感觉到**事物怎样"是可以互换的说法，而且前者是更常用的表达方式。如果明白这点，就容易理解为什么152b-c把"φαίνεται"（显得、显现为）和"αἰσθάνεσθαι"（觉得、感觉到）等同起来。

① "跟上他"指"跟上他的意思"、"沿着他的说法往下想"。

② 参考152a关于"对我显得"的注释。

③ 名词"φαντασία"对应于动词"φαίνεται"（φαίνεσθαι），正如"αἴσθησις"对应于"αἰσθάνεσθαι"。"φαντασία"也可以有表"活

样，对于各人而言也就**是**怎样。

泰：似乎是这样。

苏：**感觉**始终是关于**是的东西**①的，而且就它是**知识**而言，是**不会错的**②。

动”、“能力”和“结果 / 状态”这几方面含义。如果从“活动”含义来理解，这里的意思是，某事物对某人的“显现 / 表现”，与某人对某事物的“感觉（活动）”，这两个“活动—事件”是同一回事。如果从“能力”含义来理解，那么这里的意思是，某人得到某事物之所“显现 / 表现”的能力，与某人对某事物之“感觉能力”，乃是同一个能力。如果从“结果—状态”含义来理解，这里的意思就会是，某人关于某事物的“显现 / 表现”所得到的结果（即，某事物对某人所显现的“样子”），与某人关于某事物所感觉到的东西，是同一个东西。作为结果含义的“φαντασία”可译为“**印象**”（参考 161e8），而作为能力含义的“φαντασία”也可勉强译为“**印象**”。此处语境似乎偏于“活动”含义，但也不排除另外两义。当海德格尔说“φαντασία”不表示“**想象力**”（Einbildungskraft），这时候他的说法是对的；但是，当他说该词不表示“任何主观的、心理的活动或能力”，而表示“某种客观的东西”，这时候他的观点未必正确（参见 M. Heidegger, *Vom Wesen der Wahrheit: Zu Platons Höhlengleichnis und Theätet,* ed. H. Mörchen, Gesamtausgabe, vol. 34, Frankfurt am Main: V. Klostermann, 1988; 2. durchgesehene Auflage, 1997, p. 163）。“φαντασία”在柏拉图著作中的用法并不统一（例如，它在《智者》264a-b 被界定为“感觉与判断的结合”），而在亚里士多德那里的用法又有很大不同，此处不便详细讨论。

① 是的东西：τὸ ὄν。“τὸ ὄν”在这里有明显的表真含义，而不仅仅是表存在。

② “ἀψευδὲς”的含义可以有强有弱；强含义表示“**不会错的 / 不会假的**”（infallible），弱含义表示“**无错的 / 不假的**”（free from falsehood）。如果一种认知能力是“不会错的”，那么，它始终能够把握到真，在某种意义上是“永真的”（注意：这跟通常所谓某个命题的“永真”不是一回事）。如果一个特定的认知结果或状态是“无错的”，那么，它把

泰：显然。

苏：美惠诸女神在上！这个普罗泰戈拉真是太有智慧了，他向我们这些平庸的大众打哑谜，又把真理[①]秘密地告诉他的学生们，是这样吗？[②]

泰：[152d]苏格拉底，你这话是什么意思？

苏：我会告诉你的，而且这也不是肤浅的学说，就是说，根本没有任何东西以自在的方式“**是**”一个东西[③]，你不可能把它正确地称呼为“某个东西”或“某种东西”；一旦你说“大”，它又会显得“小”，一旦你说“重”，它又会显得“轻”，所有东西都是这样，因为任何东西都不是“一”，既不是“一个东西”也不是“一种东西”。我们把从运动（φορά）、变动（κίνησις）[④]和

握到了特定的真，是“真的”。译者认为此处文本中的“ἀψευδὲς”倾向于强含义，故译作“不会错的”。“ἀψευδὲς”也被用来形容人或神，表示“不会犯错的”、“不会说假话的”（例如，《理想国》382e6）。参考200e处关于“ἀναμάρτητον”（**无错的**）的注释。

① 真理：ἀλήθεια。这里暗示了普罗泰戈拉的《真理》这本著作，后面将会提及此书。

② 这句话可能暗指普罗泰戈拉收费授徒这件事。

③ “αὐτὸ καθ᾽ αὑτὸ”（以自在的方式）字面上表示“自身就自身[而言]”、“自身依据自身”，可以理解为“自在地”、“绝对地”、“独立地”、“孤立地”，等等。这个说法在柏拉图著作中经常出现，应被看作柏拉图哲学的一个重要术语。参考：153e4，156e8，157a8，182b3-4，等等。“一个东西”（ἓν）也可以理解为抽象的“一”、“单一性”。请注意：“自在性”、“是”和“一”，这三个概念在这里表达的是同一个意思，都是要强调“维持自身同一性”、“不变”。参考下面几个注释。

④ “φορά”词源上表示“carrying”（运，运送），可以引申为“移动”乃至一般的“运动”（movement）；“κίνησις”兼有“运动”（motion / movement）和“变化”（change）等意思。在本篇对话录181c-d，对话人苏格拉底已经试图明确区分两种“κίνησις”，一种是“φορά”（运动、位

彼此结合中**变成**的一切东西都表述为“**是**”[①]，其实这种表述并不正确，[152e] 因为任何时候都没有任何东西**是**，它们永远**变易**[②]。关于这点，除了巴门尼德之外，所有哲人[③]都集结在这一行列当中：普罗泰戈拉、赫拉克利特、恩培多克勒，还有两类诗歌的顶尖诗人，喜剧方面的厄庇卡尔谟[④]，悲剧方面的荷马，后者曾说：

> **“俄刻阿诺斯乃诸神之祖，而诸神之母是忒提斯。”**[⑤]

这就是说，一切都是流动和变动的后裔——你不认为这是

移），另一种是“ἀλλοίωσις”（变化）。在有些语境中，“κίνησις”主要指“运动”而不是“变化”，这时候我们也可以直接译作“运动”而不是“变动”——毕竟“变动”这个中文词还是强调“变”而不是“动”。在另一些比较含混或倾向于兼指“变”的语境中，我们主要译作“变动”。

① “是”（εἶναι）或译作“存在”或“持存”。请注意：当我们在这里用中文“是”来翻译希腊文动词“εἶναι/ἔστιν”的时候，“是”的含义已经越出了日常汉语中一般含义（即作为“判断词”的含义），从而带有“持存”、“不变”、“自身维持自身”的含义。参考下注。

② “γίγνεσθαι”可以表示狭义的“产生”或“生成”（come into being），与“毁灭”相对，也可以表示广义的“变易”或“变化”，与“持存”、“不变”相对。我们根据语境的需要做不同的翻译。柏拉图的用语有时候并不那么严格，“生成”、“变化”、“运动”、“流动”这些词常常是可互换的。

③ 哲人：οἱ σοφοί。

④ PCW 注：厄庇卡尔谟以诙谐方式表达了一切事物总在变化的看法，他让负债者（在剧中）声称，自己与当初借债时候的那个人已经不是同一个人了。

⑤ 《伊利亚特》，第 14 卷，第 201 行，第 302 行。在希腊神话中，俄刻阿诺斯（Oceanus）是大洋之神，忒提斯（Tethys）是俄刻阿诺斯的妻子，他们生下了众多的江河湖海。

他的意思吗？

泰：我认为是。

苏：[153a]那么，谁能跟这样一个以荷马为将领的阵营论战而不变得荒唐可笑呢？

泰：这可不容易，苏格拉底。

苏：确实不容易，泰阿泰德。因为这个学说有如下这些充足的证据："运动"导致所谓的"是"，即"生成"，"静止"导致"不是"、"毁灭"；"热"和"火"生育和滋养了其他东西，而它自身又产生于移动（φορά）和摩擦；这两者都是"运动"[①]。难道它们不是火的起源么？

泰：[153b]它们就是。

苏：动物这个种类也从这些运动中生育出来。[②]

泰：的确。

苏：还有，身体方面的状况[③]由于静止和懒惰而遭到破坏，由于体育锻炼和运动总体上[④]得到保全，不是吗？

泰：对。

苏：灵魂方面的状况又怎么样？由于学习和训练（这两者

① "τούτω δὲ κινήσεις"在有些抄本中出现为"τοῦτο δὲ κίνησις"。这里从双数而非单数的读法。"这两者"指"移动"和"摩擦"。

② Paley 注：摩擦和移动在这里被转用于性方面的意思。

③ 状况：ἕξις。"ἕξις"主要有"状况"（condition/Zustand）和"习性"（habit）两种译法。

④ 总体上：ἐπὶ πολὺ。抄本 B 和 Stobaeus：ἐπὶ τὸ πολὺ；抄本 T：ὡς τὸ πολὺ。"ἐπὶ πολὺ"主要有"程度"（很大程度上、总体上）和"时间"（很长时间）两种读法。Schleiermacher、Cornford、McDowell 等人从程度读法，而 Paley 和 PCW 从时间读法。这里从程度读法。

都是运动），它就会获取学问、得到保全并且变得更好，不是吗？反之，它由于静止，也就是缺乏训练与缺乏学习，[153c]就学不到什么东西，而且学过的也会忘掉，对吧？

泰：很对。

苏：所以，在灵魂和身体两方面，好的东西都是运动，不好的东西都是运动的对立面，对吗？

泰：似乎是这样。

苏：还要我举更多的例子，譬如，凝滞的空气、不流动的死水以及这类东西，来说明静止带来腐坏和毁灭，而运动带来保全么？［153d］非要我再加上一个顶级的例子吗？荷马所谓的“金链”[①]指的无非是太阳，他的意思是说，只要天穹[②]和太阳还在转动，神界和人间的一切东西就得到保全，相反，如果它静止了，像被绑住了一样，那么，一切事物都会毁坏，就像俗话说的，会出现“天翻地覆”，对吗？

泰：在我看来，苏格拉底，那段话的意思就是你说的这样。

苏：那么，小伙子，你这样来设想一下。首先拿眼睛来说，你称为“白颜色”的东西，不“**是**”你的眼睛之外的另一个东西，也不“**是**”你的眼睛之内的东西，[153e]你也不能给它分配任何空间[③]；因为那样的话，它就会处在特定位置，保持不动，而不会在**变异**中**生成**。

① 参考荷马《伊利亚特》第8卷，第18-27行。宙斯夸口说，如果他从天上放下一根金链，他能绑住大地、海洋和一切，在奥林匹斯山顶上打个结，把一切吊在空中。

② 天穹：ἡ περιφορά。

③ “χώρα”（空间）或译作“位置”。

泰：这又怎么讲？

苏：让我们沿着刚才的说法继续走，假定没有任何东西以自在的方式“**是**”一个东西，这样的话，黑色、白色或其他任何颜色就会向我们表明为从眼睛与某种对应运动的冲撞中“**生成**”，[154a] 而我们称为“**是**”各个颜色的东西，既不是冲撞者，也不是被冲撞者，而是向各人单独生成的某种**居间者**（μεταξύ）。或者说，向你所显现的每一种颜色与向狗或其他任何动物所显现的颜色是一样的，你要坚持这个主张吗？

泰：宙斯啊，我当然不这么认为。

苏：那么，任何一个事物向其他人显现的跟向你显现的是一样的吗？你是坚持这个主张呢，还是更加相信后面这点，也就是说，哪怕对你自己而言也没有什么东西显现为自身同一，因为你自己并不永远保持自身同一？

泰：我更加相信后者。

苏：[154b] 如果我们用来进行衡量或接触的东西是“大的”、“白的”或“热的”，那么，只要它本身不变，它就不会由于接触到其他东西而出现变易。另一方面，如果这个被衡量的东西或被接触的东西是“大的”、“白的”或“热的”，那么，只要它不受自己的影响，它就不会由于其他东西的靠近或影响而变得不同。现在，我们不难发现自己被迫要说出奇怪而可笑的话——普罗泰戈拉以及每一个跟他持同样主张的人也要这么说。

泰：这是什么意思？你指什么样的话？

苏：[154c] 举一个小小的例子，你就会明白我全部的想法。假设有六个骰子，如果拿它们跟四个骰子相比，我们要说，它们多于四，而且多了其一半；如果拿它们跟十二个骰子相比，我们要说，它们少于十二，而且少了其一半；其他的说法都是不允许的，难道你会允许吗？

泰：我不会。

苏：那么，如果普罗泰戈拉或其他某个人问你："泰阿泰德，一个东西除了被增加了之外，还有别的方式让它变得大一些或多一些吗？"你会怎么回答？

泰：苏格拉底呀，如果需要就现在这个问题做出回答，[154d]我会说"没有"；但是，考虑到之前的那个问题，我必须说"有"，免得陷入自相矛盾。

苏：赫拉（Ἥρα）[①]在上！你说得很神奇，小伙子！但是，如果你回答"有"，就会有某个欧里庇得斯精灵出现，因为我们会口服心不服。[②]

泰：没错。

苏：如果我和你都**聪明**（δεινοί）并且有智慧，早就把心中的一切探索明白了，那么，[154e]我们就该用这剩下的时间来相互考验，以智者的方式投入到这种战斗中，用自己的论证去搞垮别人的论证。但是，既然我们都是平庸的人，我们首先还是希望审视一下，我们的那些所思自身相对于它们自身来说究竟是什么，它们究竟是相互协调的，还是完全不协调的。

泰：这当然也是我所希望的。

苏：我也是。既然是这个情况，我们又有许多空闲，何不

① 希腊神话中的十二主神之一，宙斯的妻子。

② 参考：欧里庇得斯《希波吕托斯》，第612行。

稍安毋躁，重新反观我们自己，[155a] 对自己真正做一番省察，看看我们心里面的这些**表象**（τὰ φάσματα）究竟是些什么东西。我想，在这个省察当中，我们会主张，第一，没有什么东西在体积或数量上会变得更大或更多——只要它自身与自身是相等的。难道不是这样？

泰：对。

苏：第二，凡是某个东西没有被附加任何东西，也没有被去除任何东西，它就不增加也不减少，而始终是相等的。

泰：确实是这样。

苏：[155b] 第三，以前"**不是**"的东西，如果没有"**已经变易**"或"**正在变易**"[①]，那么它以后也不可能"**是**"，对吗？

泰：我同意。

苏：我想，当我们说到关于骰子的例子的时候，上述三个共同认可的说法在我们的灵魂中彼此打架。又譬如说，我——作为成年人——既没有长高也没有变矮，在这一年里面，这个时候比你——作为年轻人——高一些，将来又比你矮一些，尽管我的身高并没有被削减，[155c] 可是你长高了。后来那个我"**不是**"先前那个我了，但却没有"**变易**"——因为没有"**正在变易**"也就不可能"**已经变易**"，而我在身高上没有任何损失，就从来没有"**变得**"更矮些。一旦我们接受这些说法，那么还有其他数不清的类似情况。泰阿泰德，你一定跟得上我的意思，因为我认为你在这些方面不是毫无经验。

① "γενέσθαι"和"γίγνεσθαι"分别是过去时不定式和现在时不定式。

泰：诸神在上，苏格拉底，我对这些方面感到十分惊奇。审视这些东西，有时候真的让我头晕。

苏：[155d]小伙子，塞奥多洛对你的天赋显然没有猜错。因为“惊奇”这种经验[①]确实是爱智者（哲学家）特有的。除了惊奇之外，哲学没有别的开端，而且，那个说**伊里斯**（Ἶρις）是**陶玛斯**（Θαύμας）所生的人做了一个不算太差的神谱。[②]不过，按照我们提到的普罗泰戈拉的说法，你现在是不是已经明白为什么情况会是那样？

泰：我觉得还不明白。

苏：如果我帮助你发现一位名人，或者不如说一群名人，他们的思想的隐秘真相，[155e]你会感谢我吧？

泰：我当然会非常感谢。

① 希腊文“τὸ πάθος”（或“τὸ παθήμα”）有时可以被翻译为“经验”，另一个词“ἐμπειρία”通常也翻译为“经验”，可是这两个词的意思有很大差别。前一个说的是，譬如，我对某个现象具有或不具有某种**感受**（经验），而后一个说的是，譬如，我在某个专业领域方面经验丰富或经验不足（参考上面155c6的“ἄπειρος/毫无经验”）。英文把这两个词都翻译为“experience”，中文也跟着都译作“经验”，可是这里确实存在混淆之处。譬如，亚里士多德《形而上学》开篇第一卷就说，我们从感觉过渡到记忆，然后是“经验”（ἐμπειρία），最后形成技术和科学；这里的“经验”显然不能被理解为“τὸ πάθος/τὸ παθήμα”意义上的“经验”。如果我们接受把它们都翻译为“经验”，那么，我们就必须接受“经验”这个词在中文哲学术语中的歧义性；而且，读者应该自己通过语境来识别“经验”一词的具体涵义。

② 参考赫西俄德《神谱》第265行以下。在希腊神话中，伊里斯（Ἶρις）是彩虹女神，也是诸神的信使，而陶玛斯（Θαύμας）是一位海神。柏拉图在此显然把“Θαύμας”与“惊异”（θαῦμα）联系起来了。

苏：让我们看一下周围，保证没有任何门外汉在旁听。他们是这样一些人，认为除了能用双手紧握住的东西之外没有任何东西**存在**（εἶναι），而且不承认各种行为、各种变易过程乃至整个不可见的领域也属于“**实在**”（οὐσία）的构成部分。[①]

泰：的确，苏格拉底，[156a] 你说的这些人既顽固又执拗。

苏：小伙子，他们确实是非常没文化的人。不过，另一些人要精明得多，我马上就会把他们的秘密教义告诉你。对这些人而言，上述一切都依赖于这样一个**原则**（ἀρχή），也就是说，一切是**运动**（κίνησις），别无其他东西，不过运动有两种，每种在数量上有无限多，其中一种具有主动能力，另一种具有被动能力。从这两者彼此的结合和摩擦中产生出各种产物，在数量上是无限的，[156b] 不过都是成双成对的，一方面是**所感**（τὸ αἰσθητόν）[②]，另一方面是感觉；感觉始终与所感孪生共存。在我们看来，各种感觉有下面这些名称：视觉、听觉和嗅觉，冷感和热感，悦感和痛感，欲望和恐惧，诸如此类；已经获得命名的有许许多多，而没有名称的还有无限多。另一方面，所感的种类跟感觉是一一对应的，[156c] 每种颜色对应于每种视觉，同样地，每种声音对应于每种听觉，其他所感也与其他感觉共生共存。泰阿泰德，这个神话[③]对前面所讨论的话题而言

---

① 参考《智者》246a-247c。

② “τὸ αἰσθητόν”有“可感事物”（perceptible thing）的意思，但在这里主要指“感觉到的东西”（perceived thing），兹译作“所感”。参考：Waterfield，p. 38，n. 3。

③ 神话：μῦθος。“μῦθος”有神话、寓言或故事等含义，英文常译为 myth、tale 或 story 之类。柏拉图此处对该词的使用带有贬义。

意味着什么？你明白吗？

泰：不太明白，苏格拉底。

苏：那么请你注意，看我们能不能以某种方式把这个神话补全。它的意思其实是这样：所有这些东西都在运动，就像我们说过的那样，不过它们在运动方面有快也有慢。慢的东西在同一个位置而且相对于近距离的东西而维持其运动，[156d] 以这样的方式它有所产生，而产生的东西①以这样的方式是更快的；由于它们移动了，这种运动自然就是空间上的运动。这样，一旦眼睛跟其他某个对应物靠近，就造成了“白性”以及与它共生的感觉（如果眼睛和它的对应物各自跟别的东西相遇，那么白性和那个共生的感觉永远也不会产生），这个时候，眼睛这边的视觉跟那个协同造成颜色的东西这边的白性，就在两者之间运动，[156e] 于是，一方面，眼睛充满了视觉，在那个时候开始看见，它并不变成视觉，而是变成了一只正在看的眼睛；另一方面，那个协同造成颜色的东西充满了白性，它并不变成白性，而是变成白的东西——无论是木条、石头还是其他任何恰好被赋予这种颜色的事物。其他的东西，譬如“硬”、“热”

---

① Stephanus、Bekker 和 Hiendorf 等人编辑的希腊文版本中在此处插入了十六世纪古典学者 Cornarius 所添加的一段文字：“... βραδύτερά ἐστιν· ὅσον δὴ αὖ ταχύ, πρὸς τὰ πόρρωθεν τὴν κίνεσιν ἴσχει καὶ οὕτω γεννᾶ, τὰ δὲ γεννώμενα ...”（译作：“……是更慢的。但是，快的东西相对于远距离的东西而维持其运动，以这种方式它有所产生，而产生的东西……”）。这段文字并不出现在抄本中，未被 Burnet 所采纳，而且被 Campbell 等人认为是不必要的。Duke 校勘本表示，此处按 Hicken 增补文字“ἑτέραν τὴν κίνησιν κινούμενα”（[是] 另一种被推动的运动）。

以及所有这类东西，也应该按同样的方式来理解。没有任何东西以自在的方式“**是**”，[157a] 正如我们刚才说的[①]，相反，一切东西，无论哪一类，都在相互联系之中从运动中“**生成**”（**变易**）。据说，我们不可能以僵硬的方式把“主动者”和“被动者”孤立地[②]思考为“**是**”某个东西。因为，除非主动者和被动者相联系，或者被动者与主动者相联系，否则它们什么也不是；与某个东西的联系中作为主动者的一方在遭遇到另一个东西的时候也会呈现为被动者。

根据所有这些说法，就像我们一开始说的那样，没有任何东西以自在的方式“**是**”一个东西，相反，[157b] 任何东西永远相对于某个东西而“**生成**”（**变易**），所以，“**是**”应该全然被放弃，尽管我们经常而且刚刚还由于习惯和缺乏知识[③]而

① 参考 152d-e。

② 孤立地：ἐπὶ ἑνὸς。

③ 缺乏知识：ἀνεπιστημοσύνη。本篇对话录有四个名词用来表示“知识”的反义，分别是“ἀνεπιστημοσύνη”、“ἄγνοια”、“ἀγνωμοσύνη”和“ἀμαθία”。其中，“ἀμαθία”通常用作“σοφία”的反义词，常带有“愚昧”、“愚妄”这样比较浓的道德意涵，在本书中被译为“**无知**”；相应的形容词“ἀμαθής”译作“**无知的**”。“ἄγνοια”是表示“不认识/无知/缺乏知识”的常用词，为示与“ἀμαθία”的区别，在本书中主要译作“**不认识**”（更强调知识论意涵而非道德意涵）。“ἀγνωμοσύνη”在所有柏拉图著作中仅出现一次（本篇 199d2，与“ἄγνοια”同义），在亚里士多德现存作品中一次也没有出现。“ἀνεπιστημοσύνη”是出自形容词“ἀνεπιστήμων”（**缺乏知识的**、不懂的；此形容词也在本篇对话录中多次出现）的抽象名词，与“ἐπιστήμη”（知识）是同源词，与“ἄγνοια”、“ἀγνωμοσύνη”是近义词乃至同义词；该词只在三篇柏拉图对话录中出现：《理想国》有三处（《理想国》350a6、560b1 和

被迫使用这个词。按照那些智者的学说，我们不应该允许使用“某个东西”、“某人的”、“我的”、“这个”、“那个”或其他任何起固定作用的语词，而应该按照本性把它们称呼为“正在生成的”、“正在被做成的”、“正在被毁灭的”和“正在变化的”；因为无论谁在言语中把某个东西固定化，他都很容易被驳倒。我们必须这样来表述个别的东西以及许多东西的集合［157c］——所谓“**集合**”（ἄθροισμα）就是指“人”、“石头”、各种动物以及各个“**类**”（εἶδος）。泰阿泰德，你觉得这些学说讨人喜欢么？它们符合你的口味么？

泰：我不知道，苏格拉底；我甚至不能理解你的意思——究竟你说的这些东西就是你所认为的，还是在考验我。

苏：你不记得了，小伙子，我自己并不知道这些东西，而且没有把这些东西当成我的，相反，我在这方面是不孕的，我只是帮你助产，为了这个目的，我对你念咒，［157d］摆上每一种智慧大餐供你品尝，直到我帮你把你的**见解**（δόγμα）生出来。当它生出来的时候，我会进行检查，搞清楚它究竟是活卵还是风卵。所以，振作起来吧，要有耐心，勇敢地把你对我的问题的想法回答出来。

泰：那好，你问吧。

苏：请你再次告诉我，你对这样的说法满意吗：“好”（善）、“美”或者我们刚才所说的所有东西，都不“**是**”某个

598d5），表示“**缺乏知识**”，与此处（《泰阿泰德》157b3）同义；出现最多的是《卡尔米德》，充当“ἐπιστήμη”的反义词（意思更为抽象），与《泰阿泰德》199e-200 中多次出现的该词同义，被译作“**非知识**”。

东西，而永远“**变易**”。

泰：对我来说，当我听到你这样表达的时候，我觉得特别地有道理，你的这个说法必须被接受。

苏：[157e] 我们不要放过其中的漏洞。漏洞在于，梦、疯狂以及其他疾病的情况，还有被称为幻听、幻视或其他幻觉的情况。因为，你应该明白，在所有这些情况下，刚才所详述的**学说**（λόγος）会得到大家一致的驳斥，[158a] 因为在这些情况下，错误的感觉一定在我们当中发生了，那些向各人显现出来的东西根本不“**是**”，恰恰相反，所显现的东西没有一个“**是**”[①]。

泰：你说的非常正确，苏格拉底。

苏：那么，把感觉当作知识，并且认为对每个人显现出来的那些东西就“**是**”那些对他显现的东西，对于这种人还能有什么论证[可以回应]？

泰：苏格拉底，我不太愿意讲我不知道该说什么，因为刚才我这么说的时候你批评了我。[158b] 不过，当发疯的人把

① “是”（εἶναι）在这里主要是表真，意为“是如此这般”或“是真的”。不难看到，此处的“是”（εἶναι）与“显现”（φαίνεσθαι）相对而言，而 152e1 等处的“是”（εἶναι）与“变易 / 生成”（γίγνεσθαι）相对而言。后者强调了“自身维持自身”之义（偏于存在论内涵），而前者强调了“自身作为自身而出现”之义（偏于知识论内涵）。两义均与“本己性”或“自在性”密切相关，而这应被视作希腊语“是”（εἶναι/οὐσία）之根本义。柏拉图在提及“是”的时候常常伴随以“自在”（αὐτὸ καθ᾽ αὑτὸ）或“一”（ἓν），原因即在于此：“自身性”或“同一性”实际上标识了“是”之根本内涵。

自己认作是神，而做梦的人在梦里认为自己有翅膀并且在飞的时候，我真的不能争辩说，他们并非认信了假的东西[①]。

苏：但是，这里有一点是可以争辩的，尤其涉及梦和醒，你注意到没有？

① 认信了假的东西：ψευδῆ δοξάζουσιν。或译作“形成了假信念/持有了假信念”、“做了假判断”。动词“δοξάζειν”是本篇对话录的关键词之一。它的基本意思是心灵关于某个东西形成某个“δόξα”（见解、想法或信念）这样一种认知活动。根据具体语境它可以译作“认为”、“相信”、“[做]判断”、“形成信念/持有信念”，等等，但是，这些译法中的任何一个都很难被用作“δοξάζειν”的统一译名。英文与中文一样没有一个与之严格对应的动词，主要被采用的动词有“opine”（这是传统译法）、“judge”（以 PCW、Cornford 和 McDowell 为代表）和“believe”（这是最新的翻译倾向，代表者有 Chappell 等人）；名词“δόξα”也相应地有三种主要译法：opinion、judgment 和 belief。如果我们把“δόξα”主要翻译为“信念”，那么，把“δοξάζειν”翻译为“形成信念/持有信念”是个不错的主意，因为这可以反映这两个词之间的关联性；不过，“形成信念/持有信念”这个译法也有不足的地方，因为它实际是一个动宾短语而不是像“δοξάζειν”这样单纯的动词；为了弥补这个缺陷，本书译者尝试主要使用“认信”这个动词来翻译“δοξάζειν”，并且希望读者能把“认信”与名词“信念”关联起来。需要注意的是，“δοξάζειν/ believe”在这里主要表示对某个事情做了一个判断，持有了一个观念，形成了一个看法，它并不直接等同于汉语的“相信”，因为“相信”这个词在汉语中是一个比较含混的词，它除了可以表示这方面的含义之外，还可以表示“be convinced of”（信服）、“have faith in”（信仰）、“place reliance on”（信赖）或“put one's trust in”（信任、信托），等等，尤其后面三种含义与“δοξάζειν”相去甚远，因为“δοξάζειν”在这里指单纯理智上的活动（判断、认为、认之为真），而不牵涉情感和意志等方面的因素。同样地，“δόξα/belief/ 信念”在这里首先表示理智上的“见解”、“想法”，而不是“信仰”、“信心”之类。参考本篇对话录 187a 以下（尤其 190a）关于“δοξάζειν”的论述。

泰：哪一点？

苏：我想，你应该经常听到人们提出这个问题：假如有人问，此时此地我们究竟正在睡觉而且我们的所有思考都是在做梦，还是我们正醒着而且在清醒状态下相互交谈，[158c] 对此，谁有什么证据可以证明。

泰：苏格拉底呀，确实难以提供证据来证明，因为这两种状态完全是对等的。就拿刚才我们的交谈为例，没有任何东西妨碍我们设想，我们是在睡梦中进行交谈，而且我们在梦境中设想我们在谈论梦境，这两种状态有惊人的相似性。

苏：所以你看到了，要争辩的话也并不难，因为我们究竟是醒着还是在做梦都是可供争辩的。[158d] 如果我们睡着的时间和清醒的时间是一样长，在其中任一时期我们的灵魂都捍卫该时期的所有信念（δόγμα）[①] 都是真的，这样，在这一半的时间里我们说这些东西是"**是的东西**"（ὄντα）[②]，在另一半的时间里我们说另一些东西是"**是的东西**"，我们会给这两者以同等支持。

泰：完全同意。

苏：那么，同样的道理岂不可以应用于疾病和疯狂的情况——除了在时间方面并不相等之外？

泰：正确。

苏：就算这样，"**真**"（τὸ ἀληθές）会取决于时间的长短吗？

---

① "δόγμα"、"δόξασμα"与"δόξα"是近义词。柏拉图在上下文中把它们用作可互换的词。

② "是的东西"在这里表示"真的东西"。

泰：[158e] 这一定是荒谬的。

苏：但是，你能以别的方式清楚地指明这两类**信念**（δόξασμα）中哪一类是真的？

泰：我不认为我能。

苏：那么，你听好了，我要告诉你那些认定一个人在任何时刻的信念对于持此信念的人都是真的的人会怎么说。我想，他们会这样提问："泰阿泰德，当一个东西跟另一个东西完全不同，它不会以任何方式拥有跟它相同的某种能力吧？我们不要把所问的东西理解为在某些意义上相同、在某些意义上不同，而要理解为完全相异。"

泰：[159a] 如果是完全相异，那么，它就不可能以任何方式与之相同，无论是在能力方面，还是在其他什么方面。

苏：那么，我们必须同意，这样的东西跟另一个东西是不一样的，对吗？

泰：我同意。

苏：如果有某个东西变得"一样"或者"不一样"，要么相对于自身，要么相对于它者，那么，我们会说，当它变得一样的时候变为"相同"①，变得不一样的时候也就变为"相异"②，对吧？

泰：必然。

苏：我们之前说过，"主动者"是很多的、甚至无限的，"被动者"也是如此，对吗？

① "相同"或译为"自身"。

② "相异"或译为"它者"。

泰：对。

苏：还有，“主动者”和“被动者”其中任何一方在不同场合跟不同的另一方结合，不会生出相同的东西，而是会生出相异的东西，对吧？

泰：[159b]当然。

苏：既然这样，让我们把这同一个道理应用于我、你或者其他东西上面，譬如，健康状态下的苏格拉底和疾病状态下的苏格拉底。我们应该说其中一个跟另一个一样还是不一样？

泰：你的意思是“生病的苏格拉底”作为整体跟“健康的苏格拉底”作为整体来比较？

苏：你理解得非常好；我的意思就是这个。

泰：那么，我认为不一样。

苏：既然不一样，也就相异，对吧？

泰：必然。

苏：[159c] 对于睡眠状态或刚才所讲到的其他各种状态下的苏格拉底，你也同样会这么说，对吗？

泰：对，我会。

苏：就拿某个本性上起主动作用的东西来说吧。当它在遇上健康的苏格拉底的时候会把我当作这样一个人来对待，当它遇上生病的苏格拉底的时候会把我当作另一个人来对待，对吗？

泰：当然是这样。

苏：在这两种情况下，作为被动者的我跟作为主动者的那一方将会各自产生出不同的东西，对吗？

泰：当然。

苏：所以，当我在健康的时候饮酒，我会觉得愉悦、甜。

泰：对。

苏：按照之前我们的共识，[159d] 这是由于主动者和被动者造成了"甜性"和一种感觉，两者同时在运动着，在被动者一方，这种感觉让舌头变成了一个正在感觉着的东西[①]，而在酒这方面，甜性进入到其中，使得酒对于健康的舌头既"**是**"又"**显得**"甜。

泰：这的确是我们刚才的共识。

苏：但是，当主动的一方遇上生病的苏格拉底，首先，它实际上并没有遇上同一个人，对吧？因为它遇到了一个不一样的人。

泰：对。

苏：[159e] 所以，生病的苏格拉底跟酒浆这两者的结合就产生了别的东西：在舌头方面产生了苦的感觉，而在酒方面则产生和传递着苦性；酒并不变成苦性，而是变成苦的，另一方面，我并不变成感觉，而变成一个"正在感觉者"。

泰：完全对。

苏：那么，在我这方面，我永远不会以同一种方式变成另一个东西的"正在感觉者"；因为关于另一个东西的感觉是另一个感觉，[160a] 它以另一种方式造就另一个"正在感觉者"。同样，作用于我的那一方绝不会跟另一个人接触而产生出与作用于我的时候相同的结果，得出相同的性质；因为它从另一个

① "[ἡ] αἰσθανομένη" 的英文译法主要有"perceiving thing"（McDowell）、"percipient"（Jowett、Cornford、PCW）和"perceptive"（Chappell）。

人那里产生出另一个结果，得出另一种性质。

泰：是这样。

苏：进一步说，我不会由于我自己而变成这样，对方也不会由于它自己而变成那样。

泰：的确不会。

苏：当我变成一个“正在感觉者”的时候，我必然变成**关于某某**（τινός）的“正在感觉者”；因为“正在感觉者”若不关于任何东西就绝不可能变成“正在感觉者”。[160b] 另一方面，对方变得甜、苦或这样的某种性质，必定要**对于某某**（τινί）才变成这样；因为它不对于某某变得甜，就绝不可能变得甜。

泰：完全同意。

苏：那么，我想就只剩下这点了：我们双方[①]要么“**是**”、要么“**变成**”（无论用哪个说法）彼此相关的，因为**必然性**（ἀνάγκη）把我们双方的“**所是**”（οὐσία）捆绑在一起，既不把我们与任何其他东西捆绑起来，也不把我们各自捆绑起来[②]，于是唯有把双方彼此捆绑起来。所以，如果有人称呼某个东西“**是**”或“**变成**”，他必定表示这个东西“**对于某某**”、“**关于某某**”或“**相对于某某**”而“**是**”或“**变成**”；[160c] 他不能

① “我们双方”即感觉者和所感。我们今天通常说成“主体”和“客体”（对象），不过柏拉图却是反过来说成“被动者”和“主动者”，因为“感”和“受”相近，本身有“被动”之义，这样，“物”乃是“主体”，“我”乃是“客体”。

② Cornford 注：这意味着，主体不能与任何其他主体结合而产生感觉，客体也不能与任何其他客体结合而产生性质；而且，主体或客体也不能在缺乏对方的情况下仅“凭自身”产生后果。

说某个东西**自身对于自身**[1]“**是**”或“**变成**”，也不能允许别人这样说。这就是我们前面论述过的学说的含义。

泰：完全同意，苏格拉底。

苏：既然那个作用于我的东西只是针对我而不针对其他人，那么，就只有我感觉到它，而其他人没有感觉到它，对吗？

泰：当然。

苏：那么，我的感觉对于我是真的——因为它始终属于**我的所是**[2]。按照普罗泰戈拉的说法，我是那些就我而言是的东西之“**是**”的裁判，也是那些就我而言不是的东西之“**不是**”的裁判。

泰：似乎是这样。

苏：[160d] 如果我是**不会错的**（ἀψευδής），我关于“**是的东西**”或“**变易的东西**”的思想不会出现失误，那么我作为它的**感觉者**（αἰσθητής）怎么会不是它的**认识者**呢？

泰：无论如何也不会。

苏：所以，你的说法很完美，知识无非就是感觉。它们可以归结为同一个[说法]：按照荷马、赫拉克利特以及所有这类人，一切都像川流一样变动；按照最有智慧的普罗泰戈拉，人是一切事物的尺度；[160e] 按照泰阿泰德，既然这些情况属实，那么知识就成了感觉。泰阿泰德，怎样？能不能让我们说，这就是由我所接生的、你的新生儿？不然你怎么说？

---

① 自身对于自身：αὐτὸ ἐφ᾽ αὑτοῦ。

② 如 Cornford 指出的，“我的所是”（τῆς ἐμῆς οὐσίας）与下一句所说的“那些就我而言是的东西”（τῶν ἐμοὶ ὄντων）意思相同。

泰：我们必须同意，苏格拉底。

苏：那好吧，我们终究还是努力让它生出来了，不管它究竟是什么。在生出来之后，我们必须为它举办绕灶仪式[①]，带它转一下论证的圆圈，再查验一番，免得我们没发现它是不值得养育的产物，只是一个风卵、一个假的东西。[161a] 你认为你所生的无论如何都应该得到养育而不被抛弃，还是说，你会忍耐着看它接受检查，当你的头生子从你身边被取走的时候不会勃然大怒？

塞：泰阿泰德会忍耐的，苏格拉底；因为他绝对没有坏脾气。但是，以诸神的名义，请你说明它怎么不对？

苏：塞奥多洛，你是一个十足的论证迷，还满怀好意，把我看作某个装满论证的袋子，[161b] 可以轻易拎出一个论证来说明刚才那些说法其实不对。但是，你不明白现在的实际情况：这些论证中没有一个来自于我，相反，它始终都是从我的对话人那里得来的；我本人知道的东西不多，除了极少一点儿，也就是还能够从其他有智慧的人那里捡一点论证并且适当地加以接受。现在，我正试图从泰阿泰德这里捡一点，而不是我自己要说些什么东西。

塞：苏格拉底，你这个说法更好一些；那就照这样做吧。

苏：塞奥多洛，你知不知道，你的朋友普罗泰戈拉让我惊

① 绕灶仪式（τὰ ἀμφιδρόμια）是古代雅典家庭在孩子出生后几天里举办的一个仪式，新生儿在这个仪式中得到命名，而抱着新生儿绕灶是这个仪式中的重要部分。古希腊人的观念里灶是家的中心，而且希腊神话中灶神赫斯提亚是掌管家庭生活事务的女神。

讶的地方是什么？

塞：[161c]是什么呢？

苏：大体上我挺喜欢他的说法，每个人“**觉得**”什么就“**是**”什么；但是，我对这个**学说**（λόγος）的开端感到惊讶：为什么他没有在《真理》的开头这样说，“一切事物的尺度是猪”，或者是“狒狒”，或者是其他更怪异的有感觉的东西；他一开始以十分堂皇、不可一世的方式对我们说话，不过只是表明：在智慧方面我们像对待神一样对待他，[161d]但是他在智力方面实际上并不比一只蝌蚪更高明，更别提比其他人更高明了。不然我们能说什么呢，塞奥多洛？如果各人通过感觉而**认信**的东西对各人而言就是真的，一个人不能对别人的经验做出比该人更好的判断，一个人也不会比别人更有权威去考察该人的**信念**（δόξα）是正确的还是错误的，就像我们多次说过的，每个人只能自己对属于自己的东西形成信念，而这些信念全部都是正确的、真的，那么，我的朋友，究竟为什么普罗泰戈拉是有智慧的，[161e]从而值得正当地被考虑为其他人的教师并且收取高额学费呢，又为什么我们是一些比较无知的人，必须追随于他呢——既然每个人都是他自己的智慧的尺度？难道我们不应该说，普罗泰戈拉不过是用言语取悦群众[①]？这还没说到我自己和我的助产术呢。如果他是对的，我的助产术就只能沦为一个笑话，甚至**整个辩证事业**[②]都要沦为笑话。既然每个

① 用言语取悦群众：δημούμενον λέγειν。

② 整个辩证事业：σύμπασα ἡ τοῦ διαλέγεσθαι πραγματεία。这个说法相当于“整个哲学探讨的事业”。

人都是正确的，人们彼此检验并且尝试去辩驳对方的**印象**[①]和**信念**，[162a]就是多此一举、愚蠢至极，不是吗？如果普罗泰戈拉的“真理”是真的，而不是他书里面的神龛发出的神谕在开玩笑，那么情况就会是这样。

塞：苏格拉底，就像你刚才说的，普罗泰戈拉是我的朋友，所以要是我同意你而使他受到驳斥，这是我难以接受的；另一方面，我又不能违心地去反对你。你还是再找泰阿泰德吧；不管怎样，他刚才对你的应答显得非常得体。

苏：[162b]塞奥多洛呀，如果你去拉刻代蒙[②]，到摔跤场观看其他裸体摔跤手，遇上有些身体比较弱的人，难道你能不脱了衣服去展现一下你的形象，去较量一番？

塞：怎么不行呢，如果我能说服他们放过我的话？现在，我就要说服你们让我旁观，不要拉我到竞技场上，毕竟我都这把年纪了，身体僵硬；你可以找更年轻的、更灵活的人来进行较量。

苏：塞奥多洛，就像俗话说的，只要你喜欢，我也不讨厌。[162c]那么，我要再次找这位有智慧的泰阿泰德了。泰阿泰德呀，首先，针对刚才我们阐述的那些，你说说，你突然就这样发现自己在智慧方面跟任何人甚至跟诸神水平相当，对此你不感到惊讶吗？或者你认为，普罗泰戈拉所谓的“尺度”只涉及人而不涉及神？

---

① 印象：φαντασίας（φαντασία 的复数宾格）。此处的“φαντασία”显然是表“结果”，而非表“能力”或表“活动”。参考 152c 处的相关注释。

② 拉刻代蒙（Λακεδαίμων）是斯巴达的别称。

泰：我当然不这么认为。对于你所问的，我很惊讶。当我们阐述他们的论证路线的时候，也就是说，[162d] 各人“**觉得**”什么对于这样觉得的人而言就“**是**”什么，当时我觉得那个说法很不错；但是，现在突然变得反过来了。

苏：你还年轻，小伙子，所以很容易就听信公共演说，被它说服。对于刚才这些，普罗泰戈拉或者其他某个为他说话的人会回应说：“老少爷们，你们坐在一起搞演说，把诸神都拉扯进来，[162e] 但是诸神存在抑或不存在[①]，我在谈话和写作中都拒绝讨论，而且你们净说些大众只要听到就能接受的东西，也就是说，如果每个人在智慧方面都跟其他禽兽没有区别那会很可怕；但是，你们没有提出任何证明或者必然性，你们只是依靠或然性。如果塞奥多洛，或者其他某个几何学家，依靠或然性来从事几何学，那么他根本一文不值。”[②] 所以，你和塞奥多洛要考虑一下，[163a] 对于这么重大的事情，你们是不是接受那些说服性论证和或然的论证[③]。

泰：这样是不正当的，苏格拉底，无论你还是我们，都不能接受。

① “εἰσίν”（εἶναι）在这里主要是表存在。

② Burnet 校勘本和 Duke 等人的新校勘本都把这个后引号置于本段末尾处，即认为后面的“所以，……”也属于普罗泰戈拉一派的回应内容。但是，不少英译本（Dyde、PCW、McDowell、Waterfield）都把后引号置于此处，即认为后面应属于苏格拉底自己的话。我们采纳后面这个做法，这似乎更契合后面泰阿泰德对苏格拉底做出回答的口气。

③ “说服性论证”（πιθανολογία）与“证明”（ἀπόδειξις）相对而言，恰如“或然的论证”与“必然的论证”相对而言。

苏：那么，显然，你和塞奥多洛的意思是应该以别的方式来考虑。

泰：当然要以别的方式。

苏：那么，让我们以这种方式来考虑：究竟知识跟感觉是相同的还是相异的东西。因为我们的整个论证都是冲这点来做的，也正是为了这点我们才引发了这么多奇奇怪怪的论证，不是吗？

泰：完全同意。

苏：[163b] 那么，我们要不要同意，所有那些我们通过看和听而**感觉到**的东西，同时也是我们**认识**（ἐπίστασθαι）的东西？譬如，在学会外族人的语言之前，我们究竟应该说，我们根本没有听到他们说话，还是说，我们听到了而且认识他们所说的东西？再譬如，如果我们不认识文字，在看文字的时候，我们坚持认为没有看见它们，还是说，由于我们看见了，也就认识了它们？

泰：苏格拉底，我们只能说，我们认识到那些我们看见和听到的东西本身。在文字方面，我们看见并且认识到它们的形状和颜色，在语言方面，我们听到并且知道高音和低音；[163c] 但是，对于语文老师和翻译者关于它们所传授的东西，我们不能通过看见或者听到而感觉到，也并不认识。

苏：太棒了，泰阿泰德！真不该在这些方面反驳你，免得妨碍你进步。不过，看这里有另一个麻烦，想想我们怎么能摆脱它。

泰：是什么？

苏：[163d] 是这样的：假如有人问："如果一个人曾经认识某个东西，而且他仍然保持[①]对它的记忆，那么，在他记得的时候，他有没有可能不认识这个记住的东西？"我似乎太啰嗦了，我只想问：一个学到了[②]某个东西的人在他记得它的时候会不会不认识它。

泰：怎么会不认识呢，苏格拉底？要是不认识，像你说的那样，那就太荒诞了。

苏：可能我在说废话，嗯？不过请考虑一下：你会说"在看"是"在感觉"，而"视觉"是"感觉"，对吧？

泰：我会。

苏：[163e] 按照刚才的论证，看见某个东西的人对他看见的东西变得有所认识，对吧？

泰：对。

苏：还有，你会说有"记忆"这种东西，对吧？

泰：对。

苏：它不关于任何东西，还是关于某个东西？

泰：当然关于某个东西。

苏：也就是关于已经学到的东西和已经感觉到的东西，诸如此类，对吧？

泰：当然。

---

① 希腊语用了"ἔχοντα"（持有）和"σῳζόμενον"（保全）两个词，而汉语"保持"一词恰好兼有两义。

② Cornford 注：此处"μανθάνειν"的含义比"learn"（学、学到）宽泛，相当于"come to know something"。

苏：某人看见的东西，他有时候会记住，对吧？

泰：会记住。

苏：在他闭眼的时候仍然记得？还是说，一闭上眼就忘了？

泰：后面这说法太奇怪了，苏格拉底。

苏：[164a] 如果要捍卫前面那个论证，就必须这么说。否则，全都要放弃。

泰：宙斯在上，我也这样猜想；不过我还理解得不够充分，请你告诉我是怎么回事。

苏：是这样：既然我们已经同意视觉、感觉和知识都是同一个东西，那么我们就主张有所看见的人对其所看见的东西变得有所认识。

泰：当然。

苏：但是，有所看见和变得对其所见有所认识的人，如果他闭上眼睛，他一方面记得这个东西，另一方面没有看见它，对吧？

泰：对。

苏：[164b] 但是，如果“看见”就是“认识”的话，那么“没看见”就是“不认识”。

泰：正确。

苏：所以，这就推出：在某人已经认识了一个东西并且仍然记得的时候，他又不认识它，因为他没有见到它。但是，我们刚才说这会是个荒诞的说法。

泰：你说得非常正确。

苏：所以，如果某人把知识和感觉说成是同一个东西，显然这会推出一个不可能的结论。

泰：似乎是这样。

苏：所以我们必须说，它们两者是相异的。

泰：很可能是这样。

苏：[164c] 那么，知识会是什么呢？看来我们必须从头再来。泰阿泰德，我们接下来究竟要做什么？

泰：做什么？

苏：在我看来，我们这么做好像劣等的斗鸡一样，还没取得胜利就从这个论证中溜走，还咕咕叫。

泰：怎么讲？

苏：我们好像正在**以争论家的方式**（ἀντιλογικῶς）说话，为了获得关于语词的共识而建立公设，满足于以这种方式在论证中占据上风。我们是爱智者而不是争论家，[164d] 但是我们没留意到自己正在做那些聪明人做的事。

泰：我不懂你的意思。

苏：我会尝试说清楚我关于这点的想法。我们曾经问道：已经学到并且记得某个东西的人会不会不认识这个东西。我们已经指明，有所看见的人在闭上眼睛的时候还会记得，尽管他不再看见；据此，我们又指明，即使他在记得这个东西的同时他也不认识它，但是这点是不可能的。所以，普罗泰戈拉的神话就这样破灭了，同时你关于知识和感觉是同一个东西的神话也破灭了。

泰：[164e] 看起来是这样。

苏：小伙子，我在想，如果那个神话的父亲[①]还活着，情况或许会不一样。他会有许多东西可供防守。但是现在，我们在虐待这个孤儿。甚至普罗泰戈拉留下的那些监护人也不愿意前来帮助，这位塞奥多洛就是其中之一。为了公道起见，恐怕只有我们自己来帮助他了。

塞：苏格拉底，其实不是我，希波尼库的儿子卡里亚[②]才是他的孩子的监护人。[165a] 我本人很快就从抽象的讨论[③]转向几何学了。不过，如果你能帮助这位孤儿，我一样表示感谢。

苏：说得妙，塞奥多洛！请考虑一下我的这个帮助。因为，如果一个人在肯定和否定的时候像我们经常习惯的那样不注意措辞，那么他很可能会认可比刚才的结论更加吓人的结论。要我向你解释一下这点吗，还是向泰阿泰德解释？

塞：向大家解释吧，不过让年轻人来回答；因为他要是出了差错，[165b] 没有那么丢脸。

苏：现在我要提出最吓人的问题了，我想，它是这样的："有没有可能一个人在认识某个东西的时候不认识他所认识的这个东西？"

塞：泰阿泰德，我们要怎么回答？

泰：这是不可能的，我认为。

---

① "父亲"是一个比喻的说法，表示"原创者"。

② 《申辩》20a 提到过卡里亚这个人。《普罗泰戈拉》311a 提到，普罗泰戈拉在雅典时就住在卡里亚家里。

③ 抽象的讨论：τῶν ψιλῶν λόγων。"ψιλός"的原义是"光秃秃的"，引申为"毫无装饰的"、"毫无装备的"，在这里也可以理解为"干巴巴的"、"抽象的"。

苏：不是不可能，如果你把“看见”当成“知道”的话。如果你就像掉到陷阱里那样陷入一个无法逃脱的问题，一个顽强的人用手捂住你的一只眼睛，[165c] 问你是不是能够用被捂住的这只眼睛看见他的袍子，你会怎么回答？

泰：我想我会说：我不能用这只眼睛，但是能用另一只眼睛来看。

苏：那么，你同时看见又没有看见同一个东西？

泰：某种方式上是这样。

苏：他会说：“这不是我要问的，我不问什么方式，只想问：在你认识某个东西的时候会不会不认识它。现在你显然看见了你没看见的东西。但是你实际上已经同意看见就是认识，没看见就是不认识。从这些前提你能推论出什么结论来？”

泰：[165d] 我会推论出与预设相反的结论。

苏：你还会经历更多类似的情况，有人会问你：有没有可能既清楚又模糊地认识；是不是只能认识附近的东西而不能认识远处的东西；有没有可能既强烈又微弱地认识同一个东西。一旦你把知识和感觉当作同一个东西，这个雇佣兵会在论证中对你进行伏击，向你提出其他无数问题。他还会针对“听”、“嗅”以及诸如此类的感觉进行攻击，[165e] 不断地驳斥你，不让你离开，直到你对他让人嫉妒的智慧佩服得五体投地，完全落入他的圈套；当他把你捉住并且捆起来的时候，他会向你索要赎金，多少钱就看你怎么跟他商量。现在，也许你要问，普罗泰戈拉本人会提出什么论证来捍卫他自己的观点？我们要不要尝试讨论一下？

泰：当然要。

苏：我们刚才为他辩护的时候所说的这些话，他会和盘托出，而且我认为这时候他会向前走一步，带着不屑的口吻对我们说："这位苏格拉底，好样的，你在这里吓唬一个小孩子，向他提这样的问题：有没有可能同一个人记得又不认识同一个东西。这孩子被吓到了，就说'没有'，因为他不能够预见到这个回答会带来什么结果，就这样你们在论证中把我证明为一个笑料。但是，粗心大意的苏格拉底，事实是这样的：当你通过提问的方式考察我的任何一个观点，只有被问的人像我一样做出回答而被难住了，[166b]才算是我被驳倒了；要是他的回答跟我的不一样，那么被驳倒的只是那个被问的人自己罢了。举个例子来说，你认为有人会同意，某个人过去经验到某个东西，现在不再经验到它，那么他对这个东西的当前记忆跟他当时的经验是同一个东西吗？远非如此！或者，你认为有人会拒绝承认，同一个人有可能认识又不认识同一个东西？或者，就算他对这点有所担心，你认为他会接受，变成不一样的人跟他变成不一样之前是同一个人？[166c]如果我们必须防备彼此的语词陷阱的话，你认为他会说'那个人'而不是'那些人'？因为只要'变得不一样'持续发生，就会有无数人持续出现！相反，他会说：'嘿，先生，以更有风度的方式来反驳我的说法本身吧。如果你有能耐，就去证明诸感觉对我们每个人并不生成为私人的，或者，就算它生成为私人的，显现的东西也不仅仅对这一个人'**生成**'——或者用'**是**'这个词。当你谈到猪或狒狒的时候，你不仅自己像猪一样，而且说服你的听众也像

猪一样对待我的著作，这个做法很不光彩。[166d] 我的确主张，真理就是像我所写的那样。我们各人都是‘**是的东西**’和‘**不是的东西**’的尺度，但是，一个人跟另一个人之间有着极大的差异，对这个人而言‘**是**’并且‘**显得**’这样，对另一个人而言‘**是**’并且‘**显得**’那样。我的意思远不是说，智慧和有智慧的人不存在。相反，我说，如果我们当中有人可以把对一个人‘**显得**’并且‘**是**’坏的东西变成对这个人‘**显得**’并且‘**是**’好的东西，那么这个人就是有智慧的。还有，对于这个论证，不要纠缠于我的一些措辞，[166e] 要用下面这个方式更清楚地理解我的意思。例如，回忆一下前面所说的，就是说，对于一个病人，他所吃的东西‘**显得**’并且‘**是**’苦的，但是，对于一个健康的人‘**显得**’并且‘**是**’相反的情况。这两个人中没有任何一个应该被认为比另一个更有智慧——[167a] 这是不可能的，也不应该由于这个病人**认信**（δοξάζει）[①] 那样的东西就断言他是无知的，或者由于这个健康的人认信不一样的东西就断言他是有智慧的；需要做的是向另一个状态改变，因为另一个状态是比较好的。所以，在教育当中，我们需要做的是把比较差的状态改变为比较好的状态；不过，医生通过药物来改变，智者通过言辞来改变。这并不是说，有人可以使得某个以前认信假的东西的人后来认信真的东西，因为既不可能认信‘**不是的东西**’，也不可能认信那些正被经验到的东西之外的东西，而正被经验到的东西永远是真的。[167b] 不过，我认为，当灵魂的状态是不良的，它会认信跟这种状态相应的东西，当

① 参考 158b 和 187a 关于“δοξάζειν”的注释。

把这个状态弄成良好的，它就会认信别的与之对应的东西；后面这些**印象**（τὰ φαντάσματα）[①]，有些人由于缺乏经验而把它们叫作‘**真的**’；而我认为，后面这些信念比前面的‘**更好**’，而不是‘**更真**’。苏格拉底，我当然不会把有智慧的人叫作青蛙；处理身体这方面的，我叫作‘医生’，处理庄稼这方面的，我叫作‘农夫’。因为我认为农夫也是一样，[167c] 当庄稼枯萎的时候，他们使它克服不良的感觉，获得好的、健康的感觉——也就是‘**真的**’感觉。同样，有智慧的和优秀的演说家使得好的东西而不是坏的东西对城邦显得是正当的。我主张，凡是对各个城邦‘**显得**’正当和可贵的东西，只要城邦还认可这些东西，那么它们对城邦就‘**是**’正当和可贵的。不过，有智慧的人使得好的东西而不是坏的东西对他们‘**是**’并且‘**显得**’正当而且可贵。按照同样的道理，能够以这个方式教育那些受教育者的智者不仅是有智慧的，[167d] 而且值得从受教育者那里得到很多钱。按照这个方式，一些人的确是比另一些人更有智慧，而且没有任何人认信假的东西；而你，无论愿不愿意，都必须担当尺度。基于这些方面，我的那个学说得以保全。如果你能够从原则上[②]反驳它，就请你做一个针锋相对的演说来进行反驳。如果你喜欢用提问法，就用提问法；因为不需要回避这个[方法]，相反，**有头脑的人**（τῷ νοῦν ἔχοντι）[③]应

① “τὰ φαντάσματα”在这里等于161e7-8的“αἱ φαντασίαι”。

② 从原则上：ἐξ ἀρχῆς。直译为“从开端处”，可理解为“从最基本的前提上”。

③ “τῷ νοῦν ἔχοντι”可以表示有理智能力的人、聪明人、有头脑的人。

该最愿意选择它。[167e] 不过，要这么样来办，即，不要在提问中做不公正的事。对于一个宣称关注德性的人而言，只会一直在论证中做不公正的事，这是非常不合理的。当一个人没有在论战式讨论跟辩证式讨论之间做出区分，那么他就是在这方面做不公正的事。在前一种情况下，一个人可能会开玩笑，尽其所能难倒对方，但是，在辩证讨论中，一个人必须保持严肃，对谈话人做出匡正，只为了向对方把那些过失指出来，[168a] 包括对方本人所犯的，以及被他以前追随的人误导而得来的。如果你这样做，那么，那些跟你讨论的人会把混淆和困惑归咎于他们自己，而不会归咎于你；他们一方面会追随你，爱慕你，另一方面会埋怨自己，逃离自己，进入哲学，以便脱离他们原先所是的[样子]，变得有所不同。但是，如果你做相反的事，像许多人那样，那么你就会得到相反的结果，与你交往的人不会成为爱智者（哲学家），[168b] 反倒随着他们年岁增长而表现出对这个事情[①] 的厌恶。所以，如果你听从我前面所说的话，你心里就不会以怨恨之心，而会以感恩之心跟我坐在一起，真正去考察我们在这样说的时候究竟是什么意思，也就是说，一切都在变动，而且，各人或各个城邦'**觉得**'怎样就'**是**'怎样。基于这些你再来考察，知识和感觉是同一个东西还是不同的东西，而不是像刚才那样[168c] 基于短语和语词的习惯用法（许多人就是这样随意运用它们的）彼此给对方造成种种困惑。" 塞奥多洛，这些就是尽我的所能为你的朋友提供的帮助，不算太多，因为我本来就没多少。如果普罗泰戈拉还活着，他

① "这个事情" 表示哲学探究、辩证讨论。

给自己的帮助会比这丰富得多。

塞：你在开玩笑，苏格拉底！你已经强有力地帮助了普罗泰戈拉。

苏：说得好，我的朋友。请你告诉我：你是不是注意到了，刚才普罗泰戈拉批评我们，[168d]说我们对着小孩子做论证，通过小孩子的害怕来挑战他自己的学说，并且他还把它说成是一种伎俩，然后，他盛赞"**万物的尺度**"，要求我们严肃对待他的学说？

塞：我当然注意到了，苏格拉底。

苏：那么，你要求我们服从他吗？

塞：那当然。

苏：你看到了，这里的人除了你我之外，全都是孩子。所以，如果我们要听从普罗泰戈拉的话，就必须在你和我之间彼此提问和回答，严肃地对待他的学说，[168e]这样他就不会有什么指责，说我们以跟孩子开玩笑的方式来考察他的学说。

塞：怎么？泰阿泰德不是比许多有着长胡子的人更能跟得上这种理论探究的进程吗？

苏：是的，但是他不会比你更强，塞奥多洛。你不要认为，我必须千方百计来捍卫你的已故朋友，[169a]而你却什么都不用做。来吧，请你跟上一小会儿，直到我们发现，到底是你应该作为各种几何图形的"尺度"，还是每个人都跟你一样，在天文学和其他那些你有理由超越众人的方面，自己就足以充当"尺度"。

塞：苏格拉底呀，一个人坐在你旁边而不**给出说法**

（διδόναι λόγον），这太难了。我刚才真是糊涂，还说你会放过我，不会像拉刻代蒙人那样强行把我剥光[①]。在我看来，你比斯基隆（Σκίρων）[②]做得还绝。[169b] 因为拉刻代蒙人告诉别人要么走开，要么脱衣服，而我觉得你按照安泰俄斯（'Ανταῖος）[③]的做法来做事，因为你不会让任何靠近你的人离开，直到你迫使他脱光衣服跟你进行论证上的较量。

苏：塞奥多洛，你对我的毛病所做的比喻太精彩了。不过我比那两个人还更顽固一些。因为我遭遇过无数的赫拉克勒斯（Ἡρακλῆς）和忒修斯（Θησεύς），[④]那些在论证方面的猛人，他们早就把我痛打过了；但是我还是没有放弃，[169c] 因为**某种严重的爱恋**（τις ἔρως δεινὸς）已经使我迷上了这种锻炼。所以，你不要有什么埋怨，跟我较量一番吧，这对你我都有好处。

塞：好吧，我不再反对了。你来领路吧，去哪里随便你。无论如何，我必须承担你所编织的关于这些问题的命运，接受辩驳。不过，超出那个设定的界限，[⑤]我就不能把自己交给你了。

苏：那样就足够了。请特别注意这一点，也就是说，我们

---

① 指脱光衣服进行摔跤角斗。这里是比喻义，指言论上的较量——注意整个谈话的场景是在一个运动场里。

② 传说中的一位拦路强盗，主要袭击往来于麦加拉和科林斯之间的旅客。参考：PCW，p. 188。

③ 据说安泰俄斯住在一个岩洞里，强迫每个路过的人跟他摔跤，结果总是让他们丧命。

④ 传说中，赫拉克勒斯把安泰俄斯举起来摔死，而忒修斯则杀死了斯基隆。

⑤ 参考 169a 中的说法。

千万别一不留神让论证变成了某种儿戏，[169d] 免得有人在这方面又批评我们。

塞：我会尽所能来尝试。

苏：那么，首先让我们重新来处理之前的那个学说，看一看，我们由于它把每个人都当成在智慧方面自足的从而讨厌并批评这个学说，这个做法到底对不对。普罗泰戈拉向我们承认有些人在优劣方面胜过另一些人，而这些人就是有智慧的人，对吗？

塞：对。

苏：如果他本人在场并且同意这点，[169e] 不需要我们帮助并且代表他接受这点，那么，我们就不需要重提这个问题并且加以确认了。但是现在，恐怕有人会说我们没有权威去代表他做出这方面的同意。所以，最好在这点上建立一个更清楚的共识，因为情况是不是这样会导致非常不同的结论。

塞：你说得对。

苏：那么，让我们以最简要的方式来建立这个共识，[170a] 不是通过别人的说法，而是通过他本人的说法。

塞：以什么方式？

苏：以这个方式。他说，各人“**觉得**”什么，对于这个觉得的人而言就“**是**”什么，对吧？

塞：他的确这么说了。

苏：那好，普罗泰戈拉，当我们说到没有人不认为在某些方面自己比别人更有智慧，而在另一些方面别人比自己更有智慧，这时候我们说的也是一个人甚至所有人的那些信念。在非常危险的场合，例如在行军、生病或者在海上遭到困难的时候，人们像对待神一样对待他们的指挥者，把这些人看作自己的救主，[170b] 而他们的特别之处仅仅在于“**认识**”（τὸ εἰδέναι）。人间充满了那些为人类自身和其他动物及其各种工作寻找教师和指挥者的人，也充满了那些自认为堪当教导和堪当指挥的人。在所有这些情况当中，我们应该说，人们自己就认为**智慧**与**无知**（ἀμαθία）存在于他们当中，不是吗？

塞：就是这样。

苏：他们把**智慧**看作**真的思想**（ἀληθῆ διάνοια），把**无知**看作**假的信念**，不是吗？①

塞：[170c] 的确。

苏：那么，普罗泰戈拉，我们应该怎么对待你的学说？我们究竟应该说人们永远认信真的东西，还是说，人们有时候认信真的东西，有时候认信假的东西？我认为，从这两个选项中都会得出，人们不是永远认信真的东西，而是认信真的和假的两种东西。你可以考虑一下，塞奥多洛，普罗泰戈拉的某个追随者或者你本人会不会坚决主张，没有任何一个人认为另一个人是无知的并且认信了假的东西。

塞：这是不可信的，苏格拉底。

苏：[170d] 但是，那个主张人是万物之尺度的学说必然会

① “真的思想”或作“正确思想”，“假的信念”或作“错误信念”。这里没有把“智慧”说成“真的信念”而是说成“真的思想”，恐怕是因为“信念”（δόξα）本身就带有一定的贬义。苏格拉底与对话者在后面还要讨论“知识”是否等于“真的信念”的问题。

导致这个情况。

塞：怎么会呢？

苏：当你由自己对某个东西**做出判断**（κρίνειν），并且向我表明关于某个东西的信念之时，按照他的那个学说，这个［信念］对你而言就算是真的；但是，对于我们外人，针对你的**判断**（κρίσις），就不可以充当**裁判**（κριτής）了吗，或者说，我们永远判断你认信了真的东西？还是说，无数人时时刻刻都在跟你对抗，认信相反的东西，认为你做了错误判断和错误思考？

塞：［170e］宙斯在上，苏格拉底，就像荷马说的，有“千千万万人”，① 他们给了我所有人间的烦恼。

苏：那么，你要我们说，这个时候你对自己而言认信了真的东西，对那千千万万人而言认信了假的东西？

塞：根据那个学说，这似乎是必然的。

苏：对普罗泰戈拉本人而言呢？如果他本人不认为，大众也不认为（他们也确实不认为），人是万物的尺度，那么，他所撰写的那个“**真理**”对任何人都不是真的。［171a］另一方面，如果他自己这么认为，而多数人不这么认为，那么最起码你可以知道：不这样认为的人越是比这样认为的人多，那么它不是真的就越是超过了它是真的。必定是这样，对么？

塞：必定是这样，如果它“**是**”和“**不是**”取决于各人信念的话。

---

① Fowler 注：参考荷马《奥德赛》16.121，17.432，19.78。

苏：其次，它还带有一个最微妙的[意思]。既然普罗泰戈拉同意所有人都认信**是的东西**，于是，那些认信相反者的人的**想法**（οἴησις）——他们认为他**出错了**（ψεύδεσθαι）[1]，他也得承认是真的。

塞：确实。

苏：[171b] 如果他同意那些认为他出错的人们的想法是真的，那么他就要承认他自己的想法是错误的，不是吗？

塞：必须的。

苏：其他人并不承认自己出错了，对吗？

塞：他们不承认。

苏：根据他的著作，他认可[这些人的] 这个信念是真的。

塞：显然。

苏：那么，[他的学说] 将会得到所有人的反驳，以普罗泰戈拉自己为首；或者更应该说，普罗泰戈拉会同意[它是错的]，当他承认跟他持相反主张的人认信了真的东西，那么他本人也会承认，[171c] 一只狗也好，随便哪个人也罢，都不是任何他没学到的东西的尺度。情况不是这样么？

塞：是这样。

苏：既然普罗泰戈拉的“**真理**”受到所有人的反驳，那么

---

① “ψεύδεσθαι”是“ψεῦδος”（假、错误）的同源动词，在被动态中可以表示“受蒙蔽”、“受欺骗”，在主动态中可以表示“欺骗”，作为异相动词（以中动态或被动态表示主动义）可以表示“说假话”、“说错话”、“出错”、“（一句话）为假”等。这里所谓“出错”或“犯错”不是行为上或道德上的“做错事”、“做不正当的事”，而是思想上或言论上“想错了”、“说了假话”。

它对于任何人，包括别人和他自己，都不会是真的。

塞：苏格拉底，我们把我的朋友踩得太过分了。

苏：但是，我们是不是踩偏了正道，这还不清楚呢。他比我们年纪大一些，所以有可能比我们更有智慧；[171d] 如果他从地里冒出来，脖子以上的部分刚好就在这个地方，很可能他对我有很多驳斥，说我在讲瞎话，并且因为你同意我而驳斥你，然后又钻到地里溜走。但是，我想，我们必须依靠我们自己，就像我们现在做的这样，怎么想的就怎么说。现在，我们是不是要主张，任何人都至少会同意这点：有人比别人更有智慧，而有人比别人更为无知？

塞：我的确这么认为。

苏：那么，你是不是认为，[171e] 当我们帮助普罗泰戈拉概述他的学说的时候，下面这点是它最稳固的地方，就是说，大多数东西对于个人“**显得**”怎样就“**是**”怎样，例如：热、干、甜，诸如此类。但是，如果要承认在某些方面有人比别人优越，那么他可能会说，就健康和疾病而言，并不是每个女人或小孩，或者禽兽，都能够认识到什么有利于自己的健康并且能够给自己提供治疗；至少就这个方面而言，的确有人比别人优越，对吗？

塞：我想是这样。

苏：[172a] 在政治事务方面，也就是在崇高和耻辱，正义和不正义，以及虔敬和不虔敬这些事情方面，这个学说主张各个城邦所认为的并且设立为法律的东西对于各个城邦而言就是**真理**（ἀλήθεια），在这些事情上没有哪个人比别人更有智慧，也没有哪个城邦比别的城邦更有智慧。但是，对于把什么设定为对城邦有利或不利，在这个方面，普罗泰戈拉还是会同意有的议事人比别的议事人更优秀，有的城邦的信念比别的城邦的信念更接近真理；他怎么也不敢说，[172b] 一个城邦按照对自己有利的想法无论设立了什么样的法律，总是能够完全达到这种效果。但是对于我刚才所说的东西，正义和不正义，虔敬和不虔敬，他们会固执地认为，这些东西中没有任何一个**本然地**（φύσει）拥有它的“**所是**”（οὐσία），相反，只要公共的信念得以确立而且在一个时间段还被认信，那么它就成为真的。哪怕是那些不完全支持普罗泰戈拉的学说的人，也对智慧大致持有这个观点。但是，塞奥多洛，我们已经卷入小论证引申出来的大论证当中了。

塞：[172c] 苏格拉底，我们有空闲，不是吗？

苏：我们显然有。我过去常常想，这时又想到，那些把很多时间花费在哲学方面的人一旦走进法庭，会表现为可笑的演说者，这是多么自然的事情。

塞：你怎么这么说？

苏：那些从小就在法庭和这类场所混迹的人相比于那些在哲学和这类消遣中成长起来的人，[172d] 就像以奴隶的方式成长起来的人相比于以自由人的方式成长起来的人。

塞：怎么讲？

苏：这么说吧：后面这种人永远拥有你刚才所说的东西——空闲，他们在空闲中平静地谈论；就像我们现在已经一个接一个谈到了第三个论证了，他们也跟我们一样，可以放下手上的事情做自己更喜欢的事情，不会在意说得太长或太短，只要能够触及“**是的东西**”就行。[172e] 但是，另一种人[1]在谈论的时候总是缺乏空闲，因为漏壶计时器的水流在催促他，而且他不可能按自己的意思来进行表达，讼辩对手就站在对方，给他施加强制，不可以说离题话而只能宣读书面稿，〈也就是所谓宣誓书〉[2]。这些话都是奴隶针对奴隶的，向坐在那里掌管某场诉讼的主人申诉，并且，这些论战永远不会离题而总是关系到他自己，甚至这种竞赛常常性命攸关。[173a] 由于所有这些情况，说话的人变得紧张和精明，他们知道怎么用言语来哄骗主人，用行为来向主人取宠，但是他们的灵魂变得很卑微、很扭曲。因为从小就伴随的奴性让他们的灵魂得不到成长，缺乏正直和自由，在灵魂还很柔弱的时候就担负着很大的危险和恐惧，这迫使他们做歪曲的事；由于他们不能够靠正义和真理[3]抵御那些东西，他们很快就转向谎言并且用一个过错来填补另一个过错，[173b] 从而变得扭曲和发育不良。他们从少年长大成人了，但是在理智上却不健全，不过他们自认为变得又聪明又有智慧。关于这些人就说这么些吧，塞奥多洛。接下来我们到底是要讲我们这边的队伍，

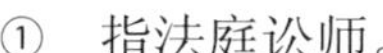

① 指法庭讼师。

② 括号中的文字“ἣν ἀντωμοσίαν καλοῦσιν”出现在好几个抄本中。18 世纪德裔荷兰古典学者 F. L. Abresch 认为它是后来的插补。Stallbaum 沿用此说，而 Campbell 和 Burnet 均将其置于括号之中。Duke 校勘本在正文中不录。“宣誓书”（ἀντωμοσία/affidavit）是法律用语，指“经宣誓的书面陈述”。

③ “ἀληθοῦς”在现代西文诸译本中有两种译法，其一为“真、真理、真实”，另一为“真诚、诚实”，这里取客观的“真理”义而非主观的“诚实”义，恰如此处的“正义”（τοῦ δικαίου）为客观的“正义本身”而不指正义之德性。

还是放过这点，回到论证中去，免得——就像刚才说的——过分滥用自由，在不同话题之间换来换去？

塞：一定不要放过，苏格拉底，先讲讲这个吧。[173c]因为你确实说过，我们不属于论证的奴仆这个队伍里面的人，相反，论证是我们的仆人，我们愿意在什么时候结束一个论证就在什么时候结束；因为既没有法官，也没有观众（像对待剧作家那样），在这儿评判和主宰我们。

苏：好吧，既然你这么想，那就让我们来说一下这个队伍中的拔尖人物；因为不用管那些在哲学方面稀松平常的人，对吧？这些拔尖人物，他们从小就不知道通往广场的道路，[173d]甚至不知道法院、议院或者城邦的其他公共集会场地在哪里。至于说法律和政令，他们既没有听过这方面的言论也没有见过这方面的文字；各个朋党对于政权的争夺、社交、宴饮、找歌妓寻欢作乐，这些事情甚至他们连做梦也没想到过。在城邦里哪个人有好出身或者坏出身，哪个人从父系或者母系祖先那里继承了什么孽根，对于这些东西他们根本不去理会，就像常言说的，不用管海里有多少升水。[173e]对于所有这些事情，他甚至不知道自己不知道，因为他不是为了赢得好名声而远离这些东西，实际上只有他的身体停留并且居住在城邦里，而他的思想把所有这些东西看作微不足道的东西，藐视它们；它在四面八方翱翔，就像品达说的，“**下至大地，上达天穹**”[①]，俯测

① 这可能指品达的《涅墨亚歌》（Nemea）10.87-88（“你将半生居于地下，半生居于天上金殿”），不过也可能是引述了品达其他某段佚失了的篇章。参考 Fowler 注。

地理，仰观天文，[174a] 探究每个"**是的东西**"整体的全面本性，而从不屈尊关注近处的事物。

塞：苏格拉底，你这么说是什么意思？

苏：就说泰勒斯吧，塞奥多洛，他在仰观天文的时候掉进了一个坑里，一位乖巧有趣的**色雷斯女仆**讥笑他，说：他急于知道天上的东西，却疏忽了身前和脚下的东西。这个讥笑适用于所有过着哲学生活的人。[174b] 事实上，这种人没有留意附近的邻居，不仅不清楚他在做什么，甚至不清楚他是一个人还是别的什么牲口；但是，究竟"人"是什么，什么样的行为或者承受与这类存在者[①]相匹配，让它得以区别于其他东西，对这样的问题，他要去探究并努力去发现。塞奥多洛，你明白了吗？

塞：我明白了。你说得没错。

苏：所以，这样一个人，[174c] 无论在私下里遇到个别的人还是在公共场合里，就像我开始的时候说的那样，一旦被迫在法庭或者别的地方谈论他脚下或眼前的事物，不仅会成为色雷斯女仆的笑料，而且会成为其他民众的笑料，因为他由于缺乏经验而掉进各种坑里，陷入各种困境之中，这种尴尬很严重，以至于他被认为是个傻瓜；因为在辱骂人的场合，他自己没有什么东西可以用来辱骂别人，他从来没有准备过这种事情，根本不知道任何人的丑恶事迹；[174d] 他的困惑让他显得很可笑。而在赞美和吹捧别人的场合，他却发出明显的笑声，不是

① 此处把"φύσις"译作"存在者"；类似的用法可参考《美诺》81c9。"φύσις"在其他语境也可译作"自然"、"本性"或"天赋"之类。

做个样子，而是真地笑出来，这让他被认为是个傻子。当僭主或者君主受到歌颂的时候，他就觉得好像听到牧人——比如猪倌、羊倌、牛倌之类——在挤了牲口的大量奶汁之后还受到牲口祝福一样；不过，他认为这些统治者所牧养和用来挤奶的动物比起那些动物还要更顽劣和奸诈一些，而且，统治者由于缺乏空闲而必然变得野蛮和缺乏教养，[174e]他们被围在城墙里面，就像那些被围在山上的畜圈里面的牧人一样。当听说某人拥有万亩甚至更多土地，也就是说拥有巨大产业的时候，这在他听起来是很小的一块土地，因为他习惯于观察整个大地。当有人颂唱族谱，因为祖辈七代都很富裕从而声称自己是贵族的时候，他认为这样的赞颂完全属于目光短浅，[175a]这些人由于缺乏教养而不能够始终看到总体，也算不到每个人都有无数的祖先，在这些人中间有成千上万的情况，既有富人也有乞丐，既有君王也有奴隶，既有外族人也有希腊人；当有些人凭借二十五代族谱把自己的祖先追溯到安斐特吕翁的儿子赫拉克勒斯，从而自我夸耀的时候，这些人的无聊让他感到荒谬，[175b]因为安斐特吕翁的第二十五代祖先会是个什么样的人完全是碰巧的事情，而这个人的第五十代祖先也同样如此，这些人居然不能够算到这点，并且摆脱心灵中的空洞，真是可笑。在所有这些情况中，这样的人[①]都受到大众的嘲笑，一方面由于他显得清高傲慢，另一方面由于他不知道脚边的事，在每件事上都陷入困惑。

① 指爱智者（哲学家）。

塞：苏格拉底，实际情况就像你说的这样。

苏：但是，当他拉着某个人向上攀登，[175c] 而那个人愿意跟他一起攀登，离开“我对你做了什么不义的事或你对我做了什么不义的事？”这样的话题，进入到关于正义和不正义本身的考察，即它们各自是什么，它们各自有何区别，并且它们与其他一切东西有何区别，或者说，离开“君王是否幸福？”或“他是否拥有财富？”这样的话题，进入到关于君权和一般意义上的人类幸福和不幸的考察，去探究它们各自是什么，从何种意义上说人类本性上就应该去获取某些东西并且逃避另一些东西——[175d] 当那个灵魂渺小、狡猾而且好讼的人被迫要对这些东西**给出说理**（λόγον διδόναι）[①] 的时候，就会出现相反的情况。由于被悬在高处，他感到晕眩，当他从上往下观察空中的东西，由于不习惯而感到困扰，他陷入迷茫并且结结巴巴说不出话来，不过他没有受到色雷斯女仆们的嘲笑，也没有受到其他缺乏教养的人们的嘲笑，因为这些人察觉不到这些，然而，他却受到了所有不以奴隶的方式成长起来的人们的嘲笑。塞奥多洛，这就是这两种人的性格，[175e] 一种是真正在自由和空闲中成长起来的人，你称之为爱智者（哲学家），当他涉足奴仆干的事情而显得幼稚乃至一事无成，譬如不知道怎么整理被褥，不知道怎么让调料或者奉承话变得更甜，这时候他不应该受到批评；而对于另一种人，他虽然能快速处理这些奴仆干的事情，但是不懂得怎样以自由人的方式穿上披风，[176a]

① 参考 148d 处关于“得出说理”（λαβεῖν λόγον）的注释。

更不懂得语言的韵律，不懂得怎么正确地歌颂诸神和有福之人的〈真正〉[①]生活。

塞：苏格拉底呀，如果你的说法能够像说服我那样说服所有人，那么人类就会多一些和平而少一些罪恶啦。

苏：但是，塞奥多洛，恶是不可能被取消的，因为必定总会有某个东西处于善的对立面；不过恶不会在诸神的领域里存在，而是必然盘踞在可朽的存在者之中，在我们这个领域中游荡。因此我们必须尽快从此岸逃脱到彼岸。[176b] 这个逃脱就是尽可能变得与神相似，变得与神相似也就是带着智慧而变得正义和圣洁。但是，我的好人呐，要让人们相信一个人应该脱离卑劣而追求德性并非由于大众所说的那些缘故，这是非常不容易的。他们以为，践行德性而不是卑劣乃是为了看起来不是恶人而是好人。在我看来，这不过是所谓老妪之扯谈。[176c] 让我们来说说真相。神无论如何也不会以任何方式是不正义的，祂是完全正义的；倘若我们当中有人变得正义至极，那么就不会有比他更像神的。在这个地方才能看出一个人的真**聪明**（δεινότης），或者看出他的无能和懦弱。关于这点的**认识**（γνῶσις）是真正的智慧与德性，而对这点的**不认识**（ἄγνοια）[②]就是明显的**无知**（ἀμαθία）与恶劣；其他那些被认为是聪明和智慧的东西，在各种政治统治方面的，沦为俗气，在各种技艺方面的，沦为匠气。[③][176d] 所以，对于行不义的

① 雅典奈乌（Athenaeus）在《智者的宴会》(1.38）的引述中没有“ἀληθῆ”这个词，但是在几个抄本中都有该词。

② 参阅 157b 处关于“缺乏知识”的注释。

③ 柏拉图著作中对普通“技艺”或“手艺”的贬低时有出现（关

人以及说话或行为不虔敬的人，最好不要由于他的狡猾而承认他是聪明的；因为这些人在谴责当中感到光荣，以为这意味着自己不是蠢货，不是“大地的负担”[①]，而是那种在城邦中生存必得如此的人。所以，我们必须把真相告诉他们：他们越不认为自己是自己所不认为的那种人，就越是那种人。因为他们对于行不义的惩罚一无所知，而这却是他最应该知道的。这惩罚不是他们所认为的那种，鞭笞和死刑——有时候行不义的人不会遭受这些，[176e] 而是那种不可能逃脱的。

塞：你指什么惩罚？

苏：朋友，在现实中确立了两个范式，一个是属神的，最为有福，另一个是非神的，最为不幸。但是，由于极端愚蠢和蒙昧，他们看不到情况是这样，[177a] 从而注意不到，他们通过不正义的行为而变得像其中一个而不像另一个。他们受到惩罚，过着自己所像的那个生活方式一样的人生。如果我们告诉他们，除非他们放弃他们的“聪明”，否则那个没有恶的纯净世界在他们死后不会接纳他们，而在这个人间，他们也永远过

于“匠气”，βάναυσοι，可参阅《阿尔基比亚德前篇》131b7，《理想国》495e2，522b4，etc.），但是对政治统治或管理方面的知识或技艺却常常是尊崇的；此处贬低一般“技艺”之时连带贬低政治统治方面的“智慧”，是比较少见的，或许透露出了作者由积极入世的心态转向某种更为超脱的心态，从“治国平天下”的雄心壮志返回到对于个人德性完善的强调。

① 荷马的《伊利亚特》（18.104）和《奥德赛》（20.379）有“ἄχθος ἀρούρης”（大地的负担）这一说法。《申辩》28d 也曾引述荷马的这一说法。此处“ἀρούρης”换成了“γῆς”。

着跟自己现在相似的生活，罪人和罪人混在一起。所有这些在他们听起来，就是一些蠢人对聪明无比、能干之极的人说的话。

塞：确实是这样，苏格拉底。

苏：[177b] 我知道是这样，朋友。不过，他们面临这样一个问题：一旦他们必须就他们所批评的那些说法在私下里给出说理并领受说理[①]，而且他们愿意勇敢地坚持一段时间，而不是怯懦地溜走，那么，非常奇怪的是，他们最终会对自己的言论感到不满，他的雄辩术也会变得枯竭，变得跟一个小孩子差不多。不过，这些是题外话，让我们回到正题吧，不然的话，[177c] 它们会像源源不断的河水一样将我们最初的那个论证淹没。让我们继续往前走，如果你觉得可以的话。

塞：苏格拉底，我倒是挺喜欢听这些。因为对于我这样年纪的人，更容易跟得上。不过，如果你那样想，那就让我们再返回去吧。

苏：好吧，在论证中我们已经到了这样一个地方：我们说到了这样一些人，他们把"**变动**"（φερομένη）说成"**是**"

① 关于"λόγον ... δοῦναί τε καὶ δέξασθαι"（给出说理并领受说理），可以参考《理想国》531e4-5："我［苏格拉底］说：但是，你会认为，那些不能给出说理也不能领受说理的人们对于我们所说他们必须认识的东西有什么认识吗？"（ἀλλὰ δή, εἶπον, μὴ δυνατοὶ οἵτινες δοῦναί τε καὶ ἀποδέξασθαι λόγον εἴσεσθαί ποτέ τι ὧν φαμεν δεῖν εἰδέναι; ）另参考本篇对话录 148d 处关于"得出说理"（λαβεῖν λόγον）的注释。一个人对于某个东西可以自己"得出说理"，可以向他人"给出说理"并且从他人那里"领受说理"（接纳、领会、承认别人的说理），这些方面的能力被看作一个人关于某个东西拥有知识的一些标志。

（οὐσία）[1]，而且，各人在任何时候“**觉得**”什么对于他而言就“**是**”什么。这些人希望在各个方面都坚持这个主张，尤其在正义方面，[177d] 也就是说，一个城邦无论设立了什么样的法律，只要它觉得正义，那么对于设立者而言就是正义的——只要这些法律还存续有效。但是，关于“**善**”[2]方面，没有人有勇气胆敢主张，只要一个城邦认为这些法律对城邦有益，那么在它存续有效期间就确实会对这个城邦有益——除非他指的纯粹是“**有益**”这个语词；如果这样，它对于我们的这个论证而言会是一个笑话。对不对？

塞：很对。

苏：[177e] 因为他不能只谈论语词，而是要考虑到这个语词所命名的事物。

塞：当然。

苏：城邦在立法的时候，无论怎么措辞，它的目标都是尽其全部心思和能力让所有的法律都对它最为有益。不然的话，它在立法的时候会有别的想法吗？

塞：[178a] 当然不会有。

苏：那么，它总能够达成目标吗？还是说，每个城邦都常常会有失误？

---

① 在此把“τὴν φερομένην”和“οὐσίαν”读作谓述关系而非修饰关系，遵此读法的有 Dyde、Paley、Fowler、McDowell 和 Waterfield 等，而 Schleiermacher、Cornford、Kennedey、PCW、Benardete 和 Chappell 读作修饰关系。尽管 179d3 处出现的“τὴν φερομένην ταύτην οὐσίαν”显然是修饰关系，但不妨碍我们将此处的文本读作谓述关系。

② “善”或译作“好”，它本身蕴含了“有益”的意思。

塞：我认为它们常常有失误。

苏：如果我们进一步问到“**利益**”所从属的整个类，那么，每个人都会更加同意这些情况就是这样。我认为这整个类还涉及“**将来**”。当我们立法的时候，我们的确认为这些法律在以后的时间会带来利益。我们把“**以后的时间**”说成“**将来**”应该没错吧。

塞：[178b] 没错。

苏：来吧，让我们这样来问普罗泰戈拉或者其他某个跟他持同样主张的人：普罗泰戈拉呀，你们说，人是万物的尺度——是白的东西、重的东西、轻的东西乃至所有这类事物的尺度。人内在地拥有判断标准，所以，只要他怎么经验的就怎么认为，那么就认信了对他而言**真的东西**和**是的东西**。不是这样吗？

塞：是这样。

苏：那么，我们还要说：普罗泰戈拉呀，对于将来的事物又如何呢？[178c] 人是不是内在地拥有判断标准呢？当一个人认为某些东西**将会存在**（**将是**），那么，这些东西就会如他所想的那样**产生**吗？比如说“热”。如果某个外行人认为自己将会发烧，也就是说，将会存在这样的热，但是，另一个人，一个医生，他持相反的想法，那么，我们认为哪个人的信念将来会得到应验？还是说，我们认为这两者的信念将来都会应验，也就是说，这个人对于医生而言将不会产生热、发烧，而对他本人而言则会产生热、发烧？

塞：不，这样会很可笑。

苏：对于葡萄酒将会变甜还是变涩，[178d] 我想，在这方面农夫的信念是权威，而不是竖琴演奏家的信念。

塞：当然。

苏：将会出现噪音还是乐音，在这方面体育教练的信念会比音乐家的信念更出色吗——哪怕后来体育教练自己认为它就是乐音？

塞：当然不会。

苏：还有，在一场准备好的餐会上，如果一个将要用餐的人没有学过烹饪，他不能比厨师更有权威去判断菜肴将会出现的美味。[178e]我们在目前这个论证中先不去争论某个东西“现在”或者“曾经”对某个人而言是讨人喜欢的，我们要讨论的是，对于**将会显得**或**将会是**讨人喜欢的东西而言，每个人自己是不是最好的裁判。还是说，你，普罗泰戈拉，在预见法庭上的论辩对我们每个人将会产生的说服力方面，比我们当中任何一位外行人都要更强？

塞：当然，苏格拉底，在这方面他曾经特别强调他超越了所有人。

苏：当然啦！否则就没有任何人会付高额学费跟他谈话了——除非他说服那些追随他的人，[179a]让他们相信没有任何预言家或者别的什么人对将是怎样和将会显得怎样可以比他更好地做出判断。

塞：完全正确。

苏：那么，立法和利益都是跟将来有关的，而每个人都会同意，城邦在立法的时候必定常常会错过最大的利益，对吗？

塞：很对。

苏：所以，我们可以合理地跟你的老师说，[179b] 他必须承认有人比别人更有智慧，而这样的人才是尺度；像我这样缺乏知识的人，无论如何都必定不会成为尺度，而刚才为他辩护的那个说法却迫使我成为尺度——不管我是不是愿意。

塞：在那个方面，苏格拉底，我觉得那个说法最为失败，而且在这个方面，它也失败了，就是说，它使得别人的那些信念具有权威，但是它们表明为完全不认为他的那些说法是真的。

苏：[179c] 塞奥多洛呀，通过其他许多方面也可以击败这类说法，从而表明并不是每个人的每个信念都是真的。但是，要把各人的当下经验——从中产生出各种感觉以及跟这些感觉相应的那些信念——表明为是不真的，却是更困难的。或许我这是在瞎说，因为它们或许是不可反驳的，而且那些主张它们是显然的并且是一些知识[①]的人可能说出了**是的东西**（ὄντα），而刚才这位泰阿泰德把感觉与知识设定为同一个东西，他这么说的时候没有看走眼。[179d] 所以，就像普罗泰戈拉那一方的论证所要求的那样，我们必须走近一步，来考察并且检验一下这个"**变动着的'是'**"，听听它到底有没有裂缝。[②] 这场战斗规模可不小，参战的人也不少。

塞：确实规模不小，它在整个伊奥尼亚地区蔓延。因为赫拉克利特的追随者们极力地鼓吹这个学说。

---

① 一些知识：ἐπιστήμαι（ἐπιστήμη 的复数）。为了强调复数，Cornford 和 McDowell 译作"instances of knowledge"，Fowler 译作"forms of knowledge"，Kennedey 译作"cognitions"。

② "διακρούοντα"这个词可以表示敲打水瓮，并听它的回响来判断水瓮是否有裂缝。

苏：正因为如此，塞奥多洛，[179e] 我们更应该从其开端出发进行考察，就按他们自己所提供的。

塞：完全有必要。苏格拉底，关于赫拉克利特一派的学说，或者像你说的，荷马甚至更早的人的学说，你要是跟那些自称熟悉这些学说的以弗所人[1]进行讨论，真是比跟那些发疯的人讨论更加不可能。因为他们完全跟自己写下的东西一样，游移不定；要他们维持在一个论证或者一个问题上面，平静地进行轮流提问和回答，[180a] 他们的能力比“没有”还要少；就这些家伙没有一丁点儿的静止而言，“根本没有”还不足以表达[2]。如果你向其中一个人提某个问题，他就会弄出一些谜一样晦涩的短句，就像从箭袋中拔箭一样，向你射过来；如果你要探究它的道理，领会它的意思，你会被另一个新颖的谜语击中。所以，你根本不可能跟他们当中任何一个人完成任何讨论；甚至他们彼此之间也不可能完成讨论，他们非常警惕，不能让任何确定的东西出现在论证中，或者出现在他们的灵魂中；[180b] 我觉得，他们把这点看作是恒定的东西；但是他们对恒定的东西全面开战，尽其所能将它驱逐出任何地方。

苏：塞奥多洛，或许你见过这些人战斗，但是你却没有遇上他们和平的时候；因为他们不是你的伙伴。我认为他们在空

---

① “以弗所”（Ἔφεσος）又译作“爱菲索”、“爱菲斯”等，是赫拉克利特的出生地。

② 这句话的希腊原文字面意思是，“根本没有”已经算是“夸大了”（算多了），相当于前面一句所讲的“比没有还要少”。如果说这里有数学上的含义的话，那么意思跟我们今天所讲的“负数”有点像。

闲的时候会把这样一些东西向学生阐明，也就是他们希望将其变得跟自己一样的那些人。

塞：好家伙！什么学生？他们中的任何一个人都不会成为另一个人的学生，[180c] 他们自发地冒出来，四处随机得到灵感，每个人都认为别人一无所知。正如我刚才说的，你永远不能从这些人那儿得到说理，无论他们愿意还是不愿意。不过，我们必须像对待“难题”① 那样把它们接过来并加以考察。

苏：你说得很在理。我们已经从古人那儿得到了这个“难题”，岂不是么，他们以诗歌的方式对大众遮掩了自己的意思，[180d] 即，万物的起源俄刻阿诺斯和忒提斯② 实际上就是一些流动的东西③，没有任何东西静止。我们也从晚近之人那儿得到了它，既然他们更有智慧，也就直白地阐明出来了，以便即使鞋匠们也能听到并且学习到他们的智慧，从而不再愚蠢地认为“诸实在”④ 当中有些静止而另一些在变动，而这些懂得了一切都在变动的人将会尊崇他们，对吧？

但是，塞奥多洛，我差点忘了，有另一些人主张跟他们相反的学说，譬如说：[180e] “**唯有不变动者，其名为‘整**

① 难题：πρόβλημα。“πρόβλημα”的词源含义是“向前抛过来的东西”（譬如打仗时对方抛过来的长矛），所以引申为有待应付的“麻烦”或“难题”。在此语境下可能特指数学或几何学难题，同时暗指赫拉克利特学派的人像射箭一样射过来的晦涩学说。

② 参考 152e 处的注释。

③ 流动的东西：[τὰ] ῥεύματα。“ῥεῦμα”本义是“流动的东西”，常常指河流、川流、水流。

④ 诸实在：τῶν ὄντων（τὰ ὄντα）。

全'"①，还有其他出自麦里梭②和巴门尼德等人的说法，他们坚决抵制刚才那一派，认为：一切是一，自身在自身中静止，没有空间可供它在其中变动。

我们怎么对待所有这些人呢，我的朋友？因为在一点点往前推进的时候，我们已经不知不觉落入了两个阵营的中间，而且，[181a] 如果不以某种方式保卫自己并且逃出去，我们将要遭殃，就像在摔跤场上站在中线的人被两边的人同时抓住并往相反的方向拉拽。我觉得，我们应该首先考察前面那一派，也就是我们本来就准备对付的"流动派"，如果他们表明为言之有理，我们就帮他们把我们自己拉到他们一边，而努力逃出另一边；但是，如果"整全派"的主张看起来更接近真相，

---

① "τὸ πᾶν"可以表示"一切"、"全体"，与"τὸ ὅλον"近义，这里译作"整全"。此句希腊原文和含义均不确定。Burnet 将本句希腊文辑为"οἶον ἀκίνητον τελέθει τῷ παντὶ ὄνομ' εἶναι"。我们把"οἶον"读作"οἷον"，如同 Duke 校勘本的做法。Simplicius 在《亚里士多德〈物理学〉评注》中两次引述了这同一句话（29.18；143.10），并归之于巴门尼德。Burnet 在注释中提示这句话的出处是巴门尼德著作残篇（Diels 辑本）第 8 则第 38 行。然而，我们在 DK 本中看到该行内容为"οὖλον ἀκίνητον τ' ἔμεναι· τῶι πάντ' ὄνομ（α）ἔσται"。两句尽管有相似处，但可见明显有出入。Cornford（p. 94，n. 1）认为柏拉图所引述的不是 DK 8.38，因为该处实际是两截断句，分别属于上下两行的句子，意思与柏拉图此处引述差别很人；他揣测此句（稍加增补和改动）可以接续到巴门尼德著作残篇第 19 则之后。

② 关于麦里梭（Μέλισσος）我们所知甚少。第欧根尼·拉尔修在《著名哲学家的生平和学说》第 9 卷 24 节记载了他的一些事迹，并说他是巴门尼德的学生。但是关于这些未必十分可靠。

[181b] 我们就要躲避到这一边，并且逃离那些让不动者变动的人。如果表明两边都没有道理，那么，在拒绝了古人和有完满智慧之人的学说之后，我们这些庸常的人如果还认为自己能够说出点什么东西来，那就太可笑了。所以，塞奥多洛，你看看我们是不是值得卷入这么大的危险当中？

塞：苏格拉底，不仔细考察一下两边的学说，这肯定不能容忍。

苏：既然你这么热情，那我们就来考察一番。[181c] 我觉得，关于变动的考察可以从这点开始，也就是说，当他们说一切都在变动的时候，他们的意思究竟是什么？我要表达的意思是这样：他们认为变动只有一个类型，还是有两个类型？我认为有两个；不过别让我一个人这么认为，你也要分有这个看法，所以如果这是错的，那么我们要一起承担。告诉我，当一个东西改变位置或者在原处旋转的时候，你称之为“**变动**”（κινεῖσθαι），对吗？

塞：是的。

苏：就当它是其中一个类型。另一方面，[181d] 一个东西处在原地，不过变得更老了，或者由白变黑了，或者由软变硬了，或者出现任何别的**变化**（ἀλλοίωσις），这种情况是不是可以称为另一个类型的变动？

塞：必须的。

苏：所以，我说变动有两个类型：变化和**运动**（φορά）。

塞：你说得对。

苏：我们既然做了这个区分，现在再来跟那些认为一切皆变动的人探讨一下，让我们问他们：你们认为每个东西都以运动和变化两种方式变动吗，还是说，[181e]某些东西以两种方式变动，而另一些东西只以其中一种方式变动？

塞：宙斯在上，我可回答不出来。不过我觉得他们会说每个东西都以两种方式变动。

苏：确实，不然的话，同一些东西会显得既在变动又静止着，而且，说一切皆变动就不会比说一切皆静止更正确。

塞：你说得非常对。

苏：那么，既然这些东西必须在变动，而且不会有任何东西不变动，[182a]那么，一切东西总是处于一切类型的变动之中。

塞：必须的。

苏：那么，考察一下他们的这样一个说法。我们说过，他们主张像“热”、“白”以及诸如此类的东西以这种方式出现，也就是说，他们各自都在变动，与此同时，在施动者和承受者之间出现感觉，承受者并不变成感觉而变成“感觉着的东西”[①]，而施动者并不变成性质，而是变成具有这种性质的东西，对吗？或许“性质”（ποιότης）[②]这个词显得有些别扭，笼统地来说你可能不明白，所以让我举一些例子。[182b]施动者不是

---

① 抄本B、T此处写作“αἰσθητὸν”，与上下文不合。Burnet和Fowler读作“αἰσθητικὸν”。Heindorf读作“αἰσθανόμενον”，为Campbell和Duke校勘本所接受。我们采纳最后这种读法，并译作“感觉着的东西”。参考159d-e。

② 性质：ποιότης。Cornford注：希腊语中名词性的“ποιότης”在这里第一次出现，尽管其对应的形容词“ποιός”（属于某种类型的、某种性质的）是常用词。

变成“热性”或者“白性”，而是变成“热的”或者“白的”，其他性质也是这样。你大概记得之前我们说过这样的话，没有任何东西以自在的方式“是”一个东西，无论是施动者还是承受者，只有当两者彼此结合才产生感觉和所感，施动者变成了有某种性质的东西，承受者变成了感觉着的东西。

塞：我当然记得。

苏：[182c] 我们先不管其他方面，他说得对也好，不对也罢。我们就只关注这点，也就是我们论证的目标，让我们来问他们：按照你们的说法，一切都在变动和流动，对吗？

塞：对。

苏：那么，它们兼有我们区分出来的两种变动吗，也就是说，既发生运动也发生变化吗？

塞：当然，如果它们以最完全的方式变动的话。

苏：如果它们只发生运动，而不变化，那么，我们就可以说出运动者作为什么性质在流变，对吗？

塞：是这样。

苏：[182d] 但是，这个性质也不固定，譬如流变者作为白色的东西在流变，它也在改变，所以白色本身也改变为别的颜色，这样事物才不会在这方面成为固定的——这样的话，我们能够指称某个颜色并且正确地称呼该颜色吗？

塞：谁能有办法，苏格拉底？对于其他这类东西也一样，如果在我们说到它的同时它总是在流变中溜走了，那么谁有办法指称它？

苏：对于任意一类感觉，譬如“看”或“听”，我们应该怎么说？［182e］“看”或“听”会稳定地维持其自身吗？

塞：如果一切皆变动，那么决不会有这种情况。

苏：如果一切东西都以一切方式在变动，那么，某个东西不能更加被说成“看见”而不是“没看见”，其他某种感觉也不能更加被说成“感觉”而不是“非感觉”。

塞：确实。

苏：但是，感觉就是知识——至少我和泰阿泰德刚才这么说过。

塞：是这样。

苏：所以，在被问到“知识是什么”的时候，我们给出的回答不会比“非知识”（μὴ ἐπιστήμην）更加是“知识”。

塞：［183a］似乎是这样。

苏：我们努力证明一切皆变动，以便表明那个回答[①]是正确的，可是对那个回答的辩护却得出了这么一个美妙的结论。[②]但是，我觉得，如果一切皆变动，就会得出：对任何问题做出任何回答都是同样正确的，我们可以说“**是**这样”[③]，也可以说“**不是**这样”——你如果喜欢的话可以用“**变成**”这个词，免得某个说法让这些人固定住了。

塞：你说得对。

苏：不完全对，塞奥多洛，因为我还说了“这样”和“不

① 即“知识等同于感觉”。

② 这里显然是反讽语气。

③ 是这样：οὕτω ἔχειν。“ἔχειν”在此语境中与“εἶναι”有相同的意思。

这样”。我们不应该说“这样”，[183b] 因为“这样”就不再变动了；也不应该说“不这样”[①]，因为这也没有变动。主张这个学说的人必须建立别的某种语言，可是现在，没有什么措辞可以适应他们的预设——除了“怎样都不”[②]，这个词可能是最合适的，因为它的意思是不确定的。

塞：那确实是最符合他们的说话方式。

苏：那么，塞奥多洛，我们已经摆脱了你的朋友，我们不同意他的说法，也就是说，每个人都是一切事物的尺度，[183c] 除非这个人是个有智慧的人；我们也不同意知识就是感觉——至少就一切皆变动的论证方案[③]而言，除非这位泰阿泰德有什么别的说法。

塞：你说得太好了，苏格拉底。按照约定，一旦完成了这个论题，我也就用不着再回答你的问题了，因为关于普罗泰戈拉的学说也就讨论完了。

泰：不，塞奥多洛，除非你和苏格拉底已经讨论了那些主

① “不这样”暗指“是那样”，也指向一个固定的东西。

② 抄本W写作“οὐδ' οὕτως”，抄本B和T写作“οὐδ' ὅπως”。遵循B、T本的学者有Campbell、Fowler和Jowett等人，一般译作“no how”或“nohow”。遵循W本的有OCT本和新OCT本，以及PCW、McDowell和Waterfield等英译本（分别译作“not at all thus”、“not even so”和“not like this either”，中文可译作“也不这样”）。Cornford（p. 100，n. 2）认为两种文本均有问题，他猜测原文可能是“οὐδ' οὐδέπως”，并且译作最强的否定形式“not even no-how”。我们这里姑且遵循B、T本，译作“怎样都不”，似乎更符合“流变派”的思想特征。

③ 论证方案：μέθοδος。“μέθοδος”通常指“探究方式”，引申为“方法”、“方案”、“体系”之类。

张一切皆静止的人的学说，[183d] 就像刚才预定的那样。

塞：泰阿泰德呀，你作为一个年轻人，难道教老年人们违约、做不正当的事情吗？还是你自己就剩下的论证准备回答苏格拉底吧。

泰：可以，如果他愿意的话。不过我更愿意在一边听刚才我提到的这个学说。

塞：把苏格拉底请到论证中，就等于“把骑兵请到了平原”[①]，你只管问，然后听着就是。

苏：塞奥多洛，我觉得我不会听从泰阿泰德的吩咐。

塞：[183e] 为什么不听从？

苏：因为对于麦里梭和其他那些主张一切是一的人，我感到敬畏，不敢以肤浅的方式进行考察，尤其我对其中一个人，也就是巴门尼德，感到敬畏。在我看来，巴门尼德就是荷马所说的“又可敬”而“又可畏”的人。[②] 因为我在很年轻的时候曾经遇到过他，当时他非常老了，[184a] 我觉得他有一种超凡的深刻性。[③] 我担心我们理解不了他的话，更担心我们会偏离他的实际意思。不过，我最担心的是我们发起的这个论证，“知识是什么”，由于不断插入新的论证而得不到考察——如果我们放任它们的话，尤其是我们现在提出的这个论证其实是一个规模很大的论证。如果我们把它当作附带问题来考察，它将得不到应有的对待；而如果我们给予充分考察，又会使关于知识的论

① 这是一句谚语。平原是骑兵施展本领的好地形。

② Fowler 注：参考荷马《伊利亚特》，3.172；《奥德赛》，8.22，14. 234。

③ 这可能指涉柏拉图《巴门尼德》中巴门尼德与苏格拉底的对话。

证受到耽误。这两种情况都不应该。[184b]所以还是让我们来试着通过助产技艺帮助泰阿泰德接生出他所孕育的关于“知识”的想法。

塞：如果你这么觉得，那么我们必须这么做。

苏：泰阿泰德，请你再考察一下刚才说过的话。你刚才回答说，知识就是感觉，对吗？

泰：对。

苏：如果有人这样问你：“一个人凭借什么看见白色和黑色，又凭借什么听到高音和低音？”我觉得你会说：“眼睛和耳朵。”

泰：我会这么说。

苏：[184c]言辞简练而不咬文嚼字[①]很可能是有教养的人，跟这相反的人倒可能是粗鄙的人，不过，有时候咬文嚼字是必须的，就像现在必须在你的这个回答中找出毛病来。请你考察一下，哪个回答更准确：眼睛是我们观看所“凭借”（ᾧ）的东西，还是我们观看所“经由”（δι᾽ οὗ）的东西，耳朵是我们听闻所“凭借”的东西，还是我们听闻所“经由”的东西？

泰：苏格拉底，我觉得，在这些例子中，我们“经由”它们而感觉，而不是“凭借”它们来感觉。

苏：[184d]的确，小伙子，如果有许多感官坐在我们里面（就好像我们是一些特洛伊木马），但是所有这些感官没有集结为某个统一体[②]，无论我们应该叫它“灵魂”还是别的什么，凭借它，并经由各种感官——就像各种工具一样——我们感觉到

① “咬文嚼字”是意译，或译为“精确推敲”。

② 某个统一体：μίαν τινὰ ἰδέαν。参考203c处的注释。

可感事物，那么，这会是很奇怪的事。

泰：我觉得这种说法比另一种说法好些。

苏：我跟你咬文嚼字的目的在于这点：我想知道，是不是在我们里面有同一个东西，我们凭借它，并且经由眼睛感觉到黑色和白色，[184e]经由另一类感官而感觉到另一类性质；如果有人问到这个问题，你能不能把所有这些东西都归结到身体方面？也许你自己来回答这个问题要好过我为你代劳。请你告诉我：你经由它们而感觉到热、硬、轻和甜的东西——你不把它们都看作属于身体的东西吗？还是说，它们属于别的什么东西？

泰：不属于别的。

苏：你会不会同意：你经由某种能力感觉到的东西，[185a]不可能经由另一种能力来感觉到，例如，你经由听觉而感觉到的东西不能经由视觉而感觉到，经由视觉的不能经由听觉？

泰：我当然会同意。

苏：假设你同时思考到这两种东西，那么，你肯定不是经由其中一种感官（ὄργανον）也不是经由另一种感官而感觉到这两种东西。

泰：的确不是。

苏：就声音和颜色而言，你关于这两者首先会思考到同一个东西：它们两者都“是”[①]，对吗？

泰：对。

---

① 是：ἐστον（εἶναι）。或译作“存在”，不过，严格上讲，“是”比“存在”广义。“是”可以理解为“是某个东西”、“是如此这般”、“是其自身”、“是真的”，等等。

苏：而且，它们各自“相异”，又自身“同一”，对吗？

泰：[185b] 当然。

苏：它们总共是“二”，各自是“一”，对吗？

泰：是这样。

苏：你还能考虑它们彼此“相似”还是“不相似”，对吧？

泰：很可能。

苏：那么，关于这两者[①]，你经由什么而思考到所有这些东西呢？因为你既不能经由听觉也不能经由视觉而把握到这两者的“共性”（τὸ κοινόν）。还有这样一个论据可以支持我们的主张。假设能够检验这两者是咸还是不咸，你当然能够说出经由什么可以得到检验，显然不是经由听觉或视觉，[185c] 而是经由其他某个官能。

泰：当然。那就是经由舌头而产生的官能。

苏：说得好！但是，经由什么官能，让你明白这些东西乃至于一切东西的共性，也就是你所谓的“是”（τὸ "ἔστιν"）和“不是”（τὸ "οὐκ ἔστι"），以及刚才我们关于它们[②]问到的那些东西[③]？你会把所有这些东西归结到哪些器官（工具），经由它们我们身上的感觉要素感觉到这些东西？

泰：你的意思是关于声音和颜色的“是”（οὐσία）与“不是”（τὸ μὴ εἶναι）、“相似性”与“不相似性”、“同”与“异”，[185d] “一”与别的数目。很明显，你还问到，奇数、偶数以及其他诸如

① 指声音和颜色。

② 指声音和颜色（以及这一类的感觉对象）。

③ 指“异”、“同”、“相似”、“不相似”，等等。

此类的东西经由身体上的什么东西被我们的灵魂感觉到。

苏：泰阿泰德，你完全跟上了我的意思。这就是我要问的问题。

泰：宙斯在上，苏格拉底，我回答不了，只能说我觉得根本没有哪一种专门的器官负责这些东西，像别的东西有专门的器官负责那样；[185e] 相反，我觉得，灵魂自身经由自身考察一切东西的那些共性。

苏：泰阿泰德，你很美，不像塞奥多洛说得那么丑；因为话说得美的人是又美又好的。你不仅美，还帮我省了一个冗长的论证——如果你觉得灵魂自己经由自己考察某些东西，而经由身体的一些官能考察另一些东西。因为这是我的想法，我希望你也这么想。

泰：[186a] 我的确这么想。

苏：你把"是"（οὐσία）归为哪一类？因为，它的涵盖范围最广，涉及一切东西。

泰：我把它归为灵魂以自在的方式求达的那一类。

苏："相似"和"不相似"，"同"和"异"也一样吗？

泰：对。

苏：那么，"美"（高贵）和"丑"（低贱），"善"（好）和"恶"（坏）呢？

泰：这些东西也一样；我觉得，尤其在这些例子中，灵魂通过它们的相互对照而考察它们的"**所是**"（οὐσία）[1]，

---

① "οὐσία"在前面译作"是"，基本等同于"τὸ εἶναι"。此处的"οὐσία"更趋名词化，相当于"ὅτι ἔστιν"，可译作"所是"或"本是"。

[186b] 并且在自身中把过去与现在跟将来关联起来**进行反思**（ἀναλογίζεσθαι）[①]。

苏：且慢。硬的东西的“硬性”经由接触而被感觉到，软的东西的“软性”以同样方式被感觉到，不是这样吗？

泰：对。

苏：但是，关于它们的[②]“**所是**”（οὐσία），它们“**是什么**”（ὅτι ἐστὸν），以及彼此的对立性，还有对立性的“**所是**”，灵魂自己尝试通过彼此反复比较为我们做出判断。

泰：确实如此。

苏：对于某些东西，人和兽类一生下来就天然地能够感觉到，[186c] 也就是经由身体而抵达灵魂的那些**经验**（πάθημα）；但是，对这些东西在“所是”和“益处”方面的那些**反思**（ἀναλόγισμα）[③]则是长期而艰难地通过许多经历和教育才能得到——如果说得到过的话。

泰：完全同意。

苏：当一个人没有触及“所是”，他能达到“真”[④]吗？

泰：不可能。

苏：如果一个人没达到某个东西的“真”，他会有关于这个东西的“知识”吗？

---

① “ἀναλογίζεσθαι”有计算、考量、推论和反思等意思。这里表示与直接经验相对的一种认知活动，故译作“反思”。

② “它们”指硬性和软性。Campbell 认为“它们”指“硬的东西和软的东西”，恐不准确。

③ 也就是对一个东西“是什么”和“有什么好处”的思考。

④ “ἀλήθεια”或译作“真实性”、“真相”，等等。

泰：[186d] 当然不会，苏格拉底。

苏：所以，知识并不在这些经验之中，而在对它们的**反思**（συλλογισμός）[①] 之中。看来，在反思当中能够把握到“所是”和“真”，而在经验当中不能够把握到。

泰：显然如此。

苏：既然它们两个有这么大的差异，你会把它们称为同一个东西吗？

泰：不，那当然不妥当。

苏：那么，对于看、听、嗅、冷感和热感这类活动，你会冠以什么名称？

泰：[186e] 我会称之为“感觉活动”（αἰσθάνεσθαι）——还会有别的名称吗？

苏：所以，你把它们统称为“感觉”？

泰：必然。

苏：我们说，经由感觉我们并不分有对“真”的领会，因为不分有对“所是”的领会。

泰：确实不。

苏：也不能分有“知识”。

泰：的确不。

苏：那么，泰阿泰德，感觉和知识永远不会是同一个东西。

① 这里的“συλλογισμός”跟“三段论”没什么太大关系。根据186c中出现的“ἀναλόγισμα”，我们有理由相信柏拉图在这里没有严格区分“συλλογισμός”和“ἀναλογισμός”。一般而言，“ἀναλογισμός”指反思活动本身或者反思能力，而“ἀναλόγισμα”指反思活动的结果。

泰：显然不是，苏格拉底。现在得出了最为清楚的结论，知识是异于感觉的东西。

苏：[187a] 但是，我们发起这个讨论的目标不是为了发现“知识不是什么”，而是“知识是什么”。尽管如此，我们总算进展到了这一步，也就是说，完全不要在感觉当中寻找知识，而应该在另一处寻找，也就是当灵魂以自在的方式跟那些**是的东西**（τὰ ὄντα）打交道的时候所出现的情况，无论名称叫什么。

泰：苏格拉底，这被叫作“**认信 / 形成信念**”（δοξάζειν）[①]，至少我这么认为。

苏：你的想法没错。[187b] 现在请从头再来，抹掉之前的一切，在你已经进展到这个地方的时候，看看你是不是有了更清楚的视野。请你再次说出知识是什么。

泰：说信念总体是知识，苏格拉底，这不可能；因为存在假信念；不过，很可能真信念是知识，就把这个当成我的回答吧。在继续讨论的过程中，如果这跟刚才的一样显得不对，我们再尝试给出别的回答。

苏：就应该这样，泰阿泰德，说得爽快一些，而不是像刚开始的时候那样犹豫不决。如果我们这么办，[187c] 会有这两种情况，要么我们会发现我们所追寻的东西，要么我们不那么固执地认为我们认识我们所不认识的东西——而即使这一点也是不可小看的回报。现在你会怎么说？信念有两个类型，一个是真的，另一个是假的，而你把知识界定为真信念，对吗？

① 参考 158b 处关于“δοξάζειν”的注释。

泰：对，现在我这么觉得。

苏：是不是还应该对“信念”重新做一番讨论——[①]

泰：你指的是什么？

苏：[187d] 有个问题现在让我感到困扰，以前也常常令我困扰，无论我自己思考还是跟别人交流的时候都感到非常困惑，我说不出我们的这种经验是怎么回事，它是以什么方式出现的。

泰：什么经验？

苏：认信某个假的东西。即使现在我还在考虑，而且仍然在怀疑，到底我们应该放过它，还是以跟刚才不同的方式来对它进行考察。

泰：为什么不呢，苏格拉底，如果这看起来很有必要的话？刚才你和塞奥多洛说到空闲的时候说得很好，在这样的讨论中用不着慌忙。

苏：[187e] 你提醒得没错。因为这可能正是一个好时机，可以沿着走过的足迹再走一遍。把一点点事情做好比不圆满地做很多事情要好一些。

泰：当然。

苏：接下来怎么样？我们的主张是什么？我们主张，假信念随时都存在，我们当中有人认信假的东西，也有人认信真的东西，[②] 正如事情天然就是这样，对吗？

---

① 这里说要“重新讨论”信念，因为前面 167a-b 已经提到普罗泰戈拉的观点，认为所有信念都是真的，这就拒斥了假信念的可能性。现在假设了信念有正确与错误之分，显然对信念要有新的说明。

② “认信假的东西”（δοξάζειν ψευδῆ）即“持假信念”，“认信

泰：我们就是这么主张的。

苏：[188a] 那么，无论就一切东西整体而言还是就个别东西而言，我们要么认识（εἰδέναι），要么不认识，对吗？因为我目前不谈论学习和遗忘这两个居间状态，我们现在这个论证跟它们无关。

泰：当然，苏格拉底，对于任何一个东西，我们要么认识，要么不认识，没有别的情况。

苏：那么，有所认信的人要么认信了认识的东西，要么认信了不认识的东西，必定是这样，对吧？

泰：必定是这样。

苏：认识某个东西的人又不认识这同一个东西，或者，[188b] 不认识某个东西的人又认识这同一个东西，这是不可能的。

泰：当然不可能。

苏：那么，认信了假的东西的人，认为他所认识的某个东西不是这个东西，而是另一个他所认识的东西，因此他既认识这两者，而又不认识这两者，会是这样吗？

泰：这是不可能的，苏格拉底。

苏：那么，他会认为他所不认识的东西是另一个他所不认识的东西吗，譬如，既不认识泰阿泰德也不认识苏格拉底的某个人，他会在思想中认为苏格拉底是泰阿泰德或者泰阿泰德是

真的东西”（δοξάζειν ἀληθῆ）即“持真信念”。这里用“认信”而不是“形成信念 / 持有信念”来翻译“δοξάζειν”，乃是因为本句语境要求我们把动词性的“δοξάζειν”与名词性的“δόξα”区别开来。

苏格拉底吗?

泰:[188c]这怎么可能呢?

苏:但是,一个人应该不会认为他认识的东西是他不认识的东西,或者认为他不认识的东西是他认识的东西。

泰:那会是很荒谬的。

苏:那么,他怎么还会做出错误认信呢?既然一切东西要么为我们所认识,要么为我们所不认识,所以,应该不可能认信这两者之外的东西。但是,在这两者之中显然不可能做出错误认信。

泰:完全正确。

苏:或许我们不应该按照"**认识**"和"**不认识**"这条路径来考察我们所探究的东西,[188d]而应该按照"**是**"(τὸ εἶναι)和"**不是**"(τὸ μὴ εἶναι)的路径来进行考察?

泰:什么意思?

苏:或许可以简单地说,只要某个人关于任何事物认信了**不是的东西**,那么他肯定认信了假的东西[①],不管他的思想在别的方面处于什么状况。

泰:很可能是这样,苏格拉底。

苏:那么,泰阿泰德,如果某人问我们,"有人会觉得这样的说法是可能的吗,也就是说,会有某个人认信**不是的东西**吗——无论就**那些是的东西**之**不是**而言,还是就**不是的东西**自身而言?"对此我们怎么回答?我觉得,我们会回答说:[188e]"对,只要他在想的时候想了不真的东西。"不然我们怎么回答?

① "认信了假的东西"也就是"持有了假信念"。

泰：是这样。

苏：这种事情在别的场合也会出现吗？

泰：哪种场合？

苏：例如，某人看见某个东西，却又无所看见。

泰：怎么会？

苏：的确，如果某人看见了某一个东西，他就看见了**某个是的东西**。难道你会认为"一"属于**不是的东西**吗？

泰：我当然不会。

苏：所以，看见某一个东西的人看见了**某个是的东西**。

泰：显然。

苏：[189a] 因此，听到某一个东西的人听到了**某个是的东西**。

泰：对。

苏：有所接触的人接触到了某一个东西，接触到某一个东西的人也就接触到了**是的东西**。

泰：是这样。

苏：那么，有所认信的人岂不是认信了某一个东西？

泰：必然。

苏：认信某一个东西的人就是认信**某个是的东西**，不是么？

泰：我同意。

苏：所以，认信**不是的东西**的人就是没有认信任何东西。

泰：显然没有。

苏：没有认信任何东西的人根本就没做出认信。

泰：看上去很明显。

苏：[189b] 那么，认信**不是的东西**是不可能的，无论就**那**

些是的东西之**不是**而言，还是就**不是的东西**自身而言。

泰：显然。

苏：这样的话，认信假的东西就有别于认信**不是的东西**。

泰：似乎是这样。

苏：那么，无论按照这种路径还是按照刚才那种路径进行考察，我们都没有发现假信念存在于我们之中。

泰：的确没有。

苏：那么，我们称为假信念的东西是以这么一种方式出现的吗？

泰：哪种方式？

苏：有某种**错乱认信**（ἀλλοδοξία），我们把它说成是**假信念**，[189c]也就是说，某个人在思想中把**某个是的东西**跟**另一个是的东西**做了互换并且把其中一个说成是另一个。以这种方式，他始终认信**是的东西**，但并不是这一个而是另一个，他错过了所要考虑的目标，因而可以正当地被称为**错误认信**。

泰：我现在觉得你这个说法再正确不过了。因为当某个人把丑的东西认作美的东西或者把美的东西认作丑的东西，这时候他**真地认信了假**。

苏：显然，泰阿泰德，你开始藐视我而不是怕我了。

泰：这话从何说起？

苏：我想，你认为我不会去反驳这个“真地假”[189d]，不会去问你，有没有可能一个东西会“慢地快”、“重地轻”，或者其他某个东西会不按照其自身的本性而是按照其对立面的本性以跟自己相反的方式产生出来。为免挫伤你的信心，我就

先放过这点。你说你满意这个说法：**认信假的东西**就是**错乱认信**（ἀλλοδοξεῖν），对吗？

泰：我同意。

苏：那么，按照你的信念，有可能在**思想**（διάνοια）中把某个东西当成另一个并不是它的东西吗？

泰：有可能。

苏[189e]：当某人的思想这么做的时候，它是不是必须**思考**（διανοεῖσθαι）[①]两者或两者之一？

泰：必须的；要么同时，要么逐个。

苏：太好了。关于“**思考**”，你的意思跟我的一样吗？

泰：你用它指什么？

苏：就是灵魂就某个关注对象自己跟自己的**谈话**（λόγος）。当然，我并不是在向你表明我“知道”的东西。我只是依稀觉得，灵魂在思考的时候不过就是在自我交谈，[190a]自问自答，做出肯定或者否定。当灵魂做出界定——无论迟缓还是快速匆促——只要它对一个东西已经断定不疑，我们就可以把它称为关于这个东西的“**信念**”（δόξα）。[②]所以，我把“**认信/形成信念**”（τὸ δοξάζειν）称为“**做论断/做陈述**”（τὸ λέγειν），也把“**信念**”说成“**论断/陈述**”（λόγος）——只不过它不是对

---

① 思想（διάνοια）和思考（διανοεῖσθαι）在希腊语里是同源词。思想在这里指思考的能力，而思考是思想的活动。这个意义上的“διάνοια”（思想）也可译作“理智”。

② 《智者》264b1 处说“δόξα”（信念/判断）是思维的完成，该说法可以溯源到此处。

着别人说出声来，而是对着自己默默地进行。[1]你呢，你怎么想？

泰：我也一样。

苏：那么，当一个人**认信**某个东西是另一个东西，这意味着，他对自己说，某个东西是另一个东西。

泰：[190b]当然。

苏：请你回忆一下，你是不是曾经对自己说过，“美必定是丑”，或者，“不正义就是正义”。总而言之，你考虑一下，自己是不是试图说服自己接受一个东西必定是另一个东西，还是说，情况刚好相反，哪怕在梦里你也从来不敢宣称，“奇数绝对是偶数”，或者诸如此类。

泰：你说得对。

苏：[190c]至于别人，你认为会有某个人，不管健康的人还是发疯的人，竟敢严肃地对自己说，并且让自己信服：“牛必然是马”，或者，“二必然是一”？

泰：宙斯在上，我绝不这么认为。

苏：那么，如果“**冲自己做论断**”就是“**认信**”，那么，在灵魂里同时把握到两个东西并且对两者进行论断与认信的人，绝不会“说”或者“认信”一个东西是另一个东西。不过，你可别对“另一个东西”这个措辞加以挑剔。[2][190d]我的意思

① 把“δόξα”（信念/判断）和“λόγος”（论断/陈述）关联起来，这个观点在《智者》得到重申。参考《智者》263e-264a。

② 在希腊语中，前一句中所说的“一个东西”与“另一个东西”用的是同一个词“ἕτερον”，因此苏格拉底这里是在强调：“当我说没有人设想‘τὸ ἕτερον’是‘ἕτερον’的时候，你可别在我的措辞上挑毛病，因为这两个‘ἕτερον’的意思并不一样。”在有些抄本中（包括抄

是这样：没有人认为“丑是美”，或者诸如此类。

泰：好吧，苏格拉底，我不挑剔；我觉得你说得对。

苏：所以，对两个东西有所认信的人不可能认信[其中]一个东西是另一个东西。

泰：似乎是这样。

苏：但是，只对[其中]一个东西有所认信的人而对另一个东西根本没有认信的人永远不会认信一个东西是另一个东西。

泰：你说得对。不然的话他就会被迫接触到他没有认信的东西。

苏：那么，无论对两个东西还是对[其中]一个东西有所认信的人，都不可能**做出错乱认信**（ἀλλοδοξεῖν）。[190e]所以，如果有人把**假信念**界定为**错乱认信**（τὸ ἑτεροδοξεῖν）[①]，那么他在瞎说。于是，无论是通过这条路径还是之前那些路径，都没有表明假信念存在于我们里面。

泰：显然没有。

苏：但是，泰阿泰德，如果假信念被表明为不存在，我们又将被迫同意很多荒谬的东西。

泰：哪些东西？

苏：在我尝试以所有方式都考察一遍之前，我先不跟你说这些东西。如果我们因为陷入困境而被迫同意我说的这些荒谬

本B)，这句话中间还有一小截文字，正是用来说明“ἕτερον”一词两用的情况，不过它被Campbell等人认为是后人的插入语，而且与“对‘另一个东西’”（περὶ τοῦ ἑτέρου）这个表达有冲突。

① 这里的“τὸ ἑτεροδοξεῖν”与前面的“τὸ ἀλλοδοξεῖν”同义，都译为“错乱认信”。

的东西，[191a] 那么我该替我们感到羞耻。如果我们发现了目标并且从困境中解脱出来，那时候我们自己就脱离了荒谬并且将发现别人才是荒谬的。但是，如果我们无论如何也无法摆脱困境，那么，我想我们就得放低姿态，就像晕船的人那样，让论证任意摆布我们。现在，请你听着，我们还可以通过什么途径来发现所要寻找的目标。

泰：尽管说吧。

苏：当我们同意一个人不可能认为他认识的东西是他不认识的东西从而犯错误的时候，[191b] 我认为这个同意是不对的。相反，这在某种情况下是可能的。

泰：刚才我们说它不可能的时候，我有过这样的怀疑，也就是说，尽管我认识苏格拉底，当我看见远处其他某位我不认识的人，我会把他认作是我认识的苏格拉底——你的意思跟我所怀疑的是不是一样？因为以这样的方式你所说的那种情况就可能出现。①

苏：但是，我们曾经拒斥这点，因为它使得我们既认识又不认识那些我们认识的东西，不是吗？

泰：的确。

苏：那么，让我们不要按照这个方式而是按照别的方式来尝试；[191c] 它或许对我们有帮助，或许相反。但是，我们处于这样一种境地，必须颠过来倒过去考验每一个论证。现在来

① 在这几段文本（191a-c）中出现的“认识”这个词在希腊文里主要使用的是“εἰδέναι”，除了本段中出现的前两个“认识”使用了“γιγνώσκειν”之外。

看这话是不是有点道理：一个人有没有可能后来学习到原先不认识的某个东西？

泰：当然可能。

苏：他也能在学习到一个东西之后学习到另一个东西？

泰：当然。

苏：那么，为了这个论证的需要，请你设想一下，我们的灵魂里有一个蜡板，有的大一些，有的小一些，有的蜡纯洁一些，有的污浊一些，有的硬一些，[191d] 有的软一些，还有的软硬适中。

泰：好，我就这么设想。

苏：那么，不妨让我们说这块蜡就是众缪斯的母亲记忆女神谟涅摩叙涅（Μνημοσύνη）的礼物，每当我们希望记住一个我们看见、听到或想到的东西，我们就把这块蜡放在各个感觉和各个观念（ἔννοια）下面并在其中盖个印，就像我们用指环印章来盖印一样。只要其中的图像还在，我们就记住并认识其中所印的东西；而一旦某个东西被抹去了或者不能印上去了，[191e] 我们就遗忘了、不认识了。[①]

泰：就当是这样吧。

苏：譬如，一个人对这些东西有所认识，又正在对其中看见或听到的某个东西加以考虑，请你想一下，他会不会以下面这种方式做出错误认信。

泰：以什么方式？

苏：把他认识的东西时而认作是他所认识的东西，时而认

① 本段出现的“认识”在希腊文中是“ἐπίστασθαι”。

作是他不认识的东西。我们之前同意这是不可能的，这个同意其实不对。①

泰：你现在的意思是什么呢？

苏：[192a] 我们应该以下面的方式来讨论这些情况，从一开始就做出界定，任何人都不可能：(1) ② 把认识的、在灵魂中有**记忆**（μνημεῖον）却又没有感觉到的东西认作另一个认识的、在灵魂也有**印迹**（τύπος）却又没有感觉到的东西；(2) 把认识的东西认作是不认识的、没有**印刻**（σφραγίς）的东西；(3) 把不认识的东西认作是另一个不认识的东西；(4) 把不认识的东西认作是认识的东西；(5) 把感觉到的东西认作是另一个感觉到的东西；(6) 把感觉到的东西认作是某个没有感觉到的东西；(7) 把没有感觉到的东西认作是另一个没有感觉到的东西；(8) 把没有感觉到的东西认作是感觉到的东西。[192b] 下面这些情况更加不可能（如果可以这么说）：(9) 把既认识又感觉到的、拥有与感觉相符合的**印记**（σημεῖον）的东西认作是另一个既认识又感觉到的、拥有与感觉相符合的印记的东西；(10) 把既认识又感觉到并且对其拥有正确记忆的东西认作是另一个认识的东西；(11) 把既认识又感觉到并且同样对其拥有正确记忆的东西认作是另一个感觉到的东西；[192c](12) 把既不认识又没有感觉到的东西认作是另一个既不认识又没有感觉到的东西；(13) 把既不认识又没有感觉到的东西认作是另一个

① 从本段开始往后几段，“认识”基本上使用的是“εἰδέναι”，特殊情况另外注明。

② 原著中没有这些编号，它们是译者为了方便读者辨认而添加的。

不认识的东西;(14)把既不认识又没有感觉到的东西认作是另一个没有感觉到的东西。在所有这些情况中都决不可能做出错误认信。如果可能出现的话，只可能出现于下面这些情况。

泰：哪些情况？或许它们可以让我更明白一些；因为我现在跟不上了。

苏：就拿你认识的东西来说吧，你可能认为:(15)你认识的东西是另一些你认识和感觉到的东西;(16)你认识的东西是你不认识却又感觉到的东西;[192d]或者,(17)你认识和感觉到的这些东西是另一些你认识和感觉到的东西。

泰：现在我比刚才落得更远了。

苏：那么听我换个方式再说一遍。我认识塞奥多洛并且在我心里[①]记得他是什么样的，而且我同样认识并记住了泰阿泰德；在有些时候，我看见你们，在另一些时候，没有看见；在有些时候，我接触到你们，在另一些时候，没有接触到；或者，有时候我可能听到或通过另一种感觉而感觉到你们，在另一些时候，我关于你们没有任何感觉，但是我一点不差地记得你们并且在心里认识[②]你们，对吧？

泰:[192e]当然。

苏：请你弄明白我想澄清的这第一点：对于认识的东西，我们既可能没有感觉到，也可能感觉到。

泰：正确。

① “在我心里”的原文“ἐν ἐμαυτῷ”直译为“在我自己里”，并不出现“心”或“灵魂”(ψυχή)一词，这里按照汉语习惯补充。

② 此处的“认识”使用了“ἐπίστασθαι”。

苏：其次，对于不认识的东西，我们可能常常没有感觉到，也可能常常只是感觉到而已。

泰：这也是可能的。

苏：看看你现在是不是能更好地跟上了。[193a] 如果苏格拉底认识[①] 塞奥多洛和泰阿泰德，但是没有看见这两个人，关于这两个人也没有其他类型的感觉，那么，他永远不会在心里认为：泰阿泰德是塞奥多洛。这话有没有道理？

泰：对，当然正确。

苏：这就是我刚才所说的各种情况的第一种。

泰：的确是。

苏：第二种情况是这样：如果我认识你们当中的一个人，不认识另一个人，而且没有感觉到你们两个人，那么，我永远不会认为：我认识的这个人是我不认识的那个人。

泰：正确。

苏：[193b] 第三种情况：如果我既不认识也没有感觉到你们中的任何一个，那么，我就不会认为：我不认识的一个人是我不认识的另一个人。假设你已经听完了刚才提到的其他情况[②]，在其中我根本不会对你和塞奥多洛形成假信念，不管我认识还是不认识你们俩，还是我认识其中一个不认识另一个；在感觉方面，情况也是一样。你跟得上吗？

泰：我跟上了。

---

① 由此往后几段（193a-b），“γιγνώσκειν”和“εἰδέναι”两词混用。

② 即上述第四种至第十四种情况。

苏：剩下几种情况可能会产生假信念。我认识[①]你和塞奥多洛，并且在那块蜡上面有着你们两人的印记，好像你们是指环印章一样；[193c]但是，我在远处还没能够看清楚你们二位，便急于把两个印记各自分配给对应的视觉，就像为了得到**识别**（ἀναγνώρισις）而把一只脚放到它自己的脚印中那样；然而，我在这么做的时候可能弄错了，就像一个人穿反了鞋子，把这个人的视觉分给了另一个人的印记；或者，就像镜子中的视觉映像会出现左右互换的状况，我也可能出现同样状况而犯错。[193d]这个时候就导致**错乱认信**（ἡ ἑτεροδοξία）、**错误认信**（τὸ ψευδῆ δοξάζειν）。

泰：苏格拉底，很可能就是这样。你对信念所出现的情况的描述太令人佩服了。

苏：还有一种情况：我认识你们两人，不过只感觉到其中一个人，没有感觉到另外一个人，我对另外一个人的**认识**[②]跟我的感觉并不符合。这就是我刚才说过的情况，当时你不明白我的意思。

泰：的确不明白。

苏：这就是我的意思：如果某人认识并且感觉到你们两人当中的一个，[193e]并且他对这个人的**认识**跟对他的感觉符合，那么，他就根本不会认为这个人是另一个他既认识又感觉到的人——再说一遍，只要他对这个人的**认识**跟对他的感觉相

① 从这里开始，动词“认识”主要使用“γιγνώσκειν”。

② “γνῶσις”在这里译为“认识”而不是“知识”。参阅145e处关于“知识”和“智慧”等的注释。

符合。是不是这样？

泰：对。

苏：还漏了一种情况，我现在正要说到，在这种情况下我们也认为会产生假信念：一个人既认识又看见——或者以别的方式感觉到——你们两人，［194a］但是没有把两个印记各自归给对应的感觉，就像一个糟糕的弓箭手射偏了目标，错过了（ἁμαρτεῖν）[1]——我们也用这个词来称呼“**假/错误**”（ψεῦδος）。

泰：这很自然。

苏：当属于其中一个印记的感觉出现了，属于另一个印记的感觉没有出现，而思想把没出现的感觉的印记归给了出现的感觉，在这种情况下思想必定犯错了。总而言之，如果我们现在的说法是妥当的，那么，对于不认识[2]而且从来没有感觉到东西而言，［194b］**犯错**（ψεύδεσθαι）或者**假信念**看起来是不可能的；而只有对于我们认识并有所感觉的东西而言，信念才会颠倒错置，出现**假的**（**错误的**）与**真的**（**正确的**）：当印记被正正中中放到其本己的印模上面的时候，就是**真的**（**正确的**），当它们被放偏或者放歪了，就是**假的**（**错误的**）。

泰：这难道不是很美的说法吗，苏格拉底？

苏：［194c］如果听完下面的话，你就更会这么说了。因

① “ἁμαρτεῖν”这个动词的本义是错过了目标或靶子，引申为认知方面的“犯错”或一般行为方面的“失误”，乃至道德方面的“做错事”、“犯下罪过”。

② 本段的“认识”动词希腊文使用的是“εἰδέναι”。

为形成真信念是美的（可贵的），而犯错误则是丑的（可耻的）。[①]

泰：当然。

苏：据说，这两种情形的起源在于这点：如果某人灵魂中的蜡既厚又多，既平顺又整齐，而且从各种感觉而来的那些印记被印在灵魂的“心”中——荷马就是这样称呼的，它暗示了跟“蜡”的相似性[②]——那么，[194d]这些印记会既清楚又足够深，从而能维持很长时间。这样的人首先是学得快，其次是记得牢，此外还不会错置各个感觉的那些印记，于是他就产生真信念。因为这些印记很清晰，而且空间富余，所以这样的人可以迅速把印记分派给它们各自的模子或所谓“**是的东西**”，这些人被称为有智慧的人。你不同意吗？

泰：完全同意。

苏：[194e]如果一个人的心是粗糙的（那位最聪明的诗人还称赞这种情况），或者那块蜡脏兮兮的、不纯洁，或者太软又或者太硬，情况会怎么样呢？太软的人学得快忘得也快，太硬的人情况正好相反；那些粗糙不平、掺杂了石头、泥土或秽物的蜡板从模子中得到的印记是不清晰的；太硬的蜡板得到的印记也不清晰，因为它们不够深；[195a]太软的蜡板得到的印记

① “καλόν”有“美”、“可贵”、“高尚”等意思，而反义词“αἰσχρόν”有“丑”、“可耻”等意思。

② 参考荷马《伊利亚特》2. 851，16. 554。“心”和“蜡”在希腊语中分别是“κέαρ”（κῆρ）和“κηρός”，听上去有点相似，但词源上应该没有什么关系。

也不清晰，因为它们很快就会融解而变得模糊。除了这些之外，对那些灵魂狭隘的人而言，那些印记还因为空间太小而相互挤轧，从而就更加模糊了。所有这些人都容易**认信假的东西**（**形成假信念**）。因为他们在看、听或思考任何东西的时候，不能迅速地把各个东西分派至各自的印记，既迟钝又常常归错位置，总是看错、听错和想错，所以他们被称为对“**是的东西**”处于蒙蔽状态的人、愚蠢的人。

泰：[195b] 没有人能说得比这更正确了，苏格拉底。

苏：那么，我们可以断言**诸假信念**[①]存在于我们之中？

泰：必定。

苏：**诸真信念**也一样吗？

泰：诸真信念也一样。

苏：那么，我们认为我们得到了一个令人满意的共识，也就是说，这两种信念必定都存在，对吧？

泰：完全同意。

苏：泰阿泰德呀，饶舌的人恐怕真是可恶的、不讨人喜欢的。

泰：啊？你这话是什么意思？

苏：[195c] 我讨厌我自己的愚昧和饶舌，真是这样。当一个人把一些论证颠过来倒过去，因为他的迟钝而不能够得到确信，但又不愿意放弃每个论证，你还会用别的什么词来形容呢？

泰：但为什么是你感到厌恶呢？

苏：我不仅仅是厌恶，而且还感到担忧。如果有人这么问

① 这里用“诸假信念”传达希腊原文的复数形式：ψευδεῖς δόξας。后面的“诸真信念”也是如此。

我:"苏格拉底呀,你已经发现了假信念,它既不存在于诸感觉的相互关联之中,也不存在于诸思想的相互关联之中,[195d]而存在于感觉与思想的联结之中,对吗?"——这时候我该怎么回答?我想我会说"对",然后沾沾自喜,好像我们发现了美妙的东西。

泰:苏格拉底,至少在我看来,我们现在证明的东西并不算丑。

苏:他还会说:"你还认为,我们根本不可能把我们只是想到而没有看到的某个人认作是我们只是想到而没有看见或摸到或以别的方式感觉到的一匹马?"我想我会同意这点。

泰:对,这很正确。

苏:[195e]他会接着说:"按照这个道理,一个人也不会把仅仅想到的'十一'认作是他仅仅想到的'十二',对吗?"来吧,你来回答。

泰:我的回答是这样:一个人可能把他看见或摸到的十一个东西认作是十二个东西,但是就他在思想中拥有的东西而言,他永远也不会对它们[1]形成这样的信念。

苏:那么,就拿在心里考虑到的"五"和"七"来说[196a](我的意思不是摆出五个人和七个人,或者诸如此类,而是"五"和"七"本身,也就是我们所说的在蜡板中的那些印记,而且关于它们我们不会形成假信念),假设有人曾经在心里考虑它们,默默地问自己它们的总和是多少,那么,会不会有人断言它是"十一",而另一个人断言它是"十二",还是说,所有人都会

① "它们"指"十一"和"十二"这两个数。

断言并且认为它是“十二”？

泰：[196b] 宙斯在上，当然不是这样！很多人都会说“十一”。如果你拿一些更大的数让人考虑，犯错的可能性就更大。因为我想，你是泛指所有的数。

苏：你的想法是对的。请你再考虑一下，这时候是不是出现了这种情形：某个人把印在蜡板上的“十二”本身认作“十一”了？

泰：似乎是这样。

苏：这样，我们岂不又回到最初的论证了？[①] 因为出现这种情况的人把他认识[②] 的东西认作是另一个他所认识的东西；我们说过这是不可能的；[196c] 而且，正因为这点才迫使我们认为不存在假信念，免得同一个人被迫在同一时间既认识又不认识同一些东西。

泰：完全正确。

苏：于是，我们就必须澄清，**持有假信念**有别于“思想与感觉不相符合”。因为如果是那样的话，我们在那些**思想到的东西**（τὰ διανόηματα）[③] 自身之中永远不会犯错。但是，现在的情况是，要么不存在假信念，要么一个人可能不认识他所认识的东西。你会选择其中哪一种？

泰：苏格拉底，你给出的是一个不可能的选择。

① 参考 188b。

② 本段以及后面一段的“认识”动词希腊文使用的是“εἰδέναι”。

③ 如果我们用“思想”来翻译“διάνοια”这个带有“能力”意思的词，那么，最好另找一个词而不是仍然使用“思想”来翻译“διανόημα”这个带有“结果”意思的词，这里暂且使用“思想到的东西”。

苏:[196d] 但是这个论证恐怕不允许这两者同时成立。不管怎样，我们要冒险试一下；让我们尝试来做这件不知羞耻的事情，怎么样?

泰：怎么做?

苏：下决心说出“**认识**”（τὸ ἐπίστασθαι）[①] 究竟是什么样的。

泰：为什么这么做会是不知羞耻的?

苏：你似乎没意识到，我们整个论证的一开始就是对于“**知识**”（ἐπιστήμη）的探究，基于我们不认识 [②] 它是什么。

泰：我意识到了。

苏：那么，当我们不认识 [③]“**知识**”的时候，就对“**认识**”是什么样的做出宣告，你不觉得这是不知羞耻的事情吗? [196e] 实际上，泰阿泰德，我们的讨论老早就受到不纯净的东西的污染。因为我们无数次说到了“**我们认识**”（γιγνώσκομεν）和“**我们不认识**”，“**我们知道**”（ἐπιστάμεθα）和“**我们不知道**”，就好像我们在还**不认识**“**知识**”的时候就对它们各自有所**理解**似的。你注意到没有，我们此时此刻又使用了“**不认识**”（ἀγνοεῖν）和“**理解**”（συνιέναι），似乎我们在缺乏“**知识**”的情况下仍然有权使用它们。

泰：苏格拉底，如果你避开这些词，你会用哪种方式来谈论呢?

苏:[197a] 作为我本人，我没有任何方式；如果我是争论高手，或许会有。如果这样的人现在就在场，他可能会要求我

---

① “τὸ ἐπίστασθαι”也可译作“知道”。

② 此处的“认识”动词希腊文使用的是“εἰδέναι”。

③ 同上。

们避开这些词，并且严厉批评我说的话。但是现在，我们都是平庸的人，我还要不要大胆地说出“**认识**”是什么样的？因为我觉得这或许会有所帮助。

泰：不管怎样，大胆地说吧。如果你没有避开那些词，我们会充分谅解你。

苏：你有没有听过当今人们关于“**认识**”的说法？

泰：或许有。不过我此时此刻记不得了。

苏：[197b]他们说它就是“**持有知识**”（ἐπιστήμης ἕξιν）。

泰：没错。

苏：让我们稍做修改，说成“**占有知识**”（ἐπιστήμης κτῆσιν）。

泰：你认为这个说法跟前一个说法有什么不同吗？

苏：或许没什么不同。不过先听我的看法，然后请你一起来检验一下。

泰：可以，只要我做得到。

苏：在我看来，“**持有**”（τὸ ἔχειν）跟“**占有**”（τὸ κεκτῆσθαι）不是同一回事。例如，某人买了一件披风并有权处置它，但是没穿上它，我们就不会说他“持有”[①]它，而会说他“占有”它。

① “ἔχειν”（持有、有）在此处希腊原文语境中可以有“穿着”的意思。柏拉图在此前后所讨论的“ἔχειν/ἕξις”在中文里很难得到准确翻译；我们勉强译作“持有”，以区别于“占有”（τὸ κεκτῆσθαι/κτῆσις）。通过这个关于披风的例子，我们不难明白作者所要强调的差异，即，“ἔχειν/持有”在这里侧重于表示一个拥有者“当下现实地”实现着某种能力，所拥有的东西正在现实地发挥作用；而“κεκτῆσθαι/占有”侧重于表示一个拥有者只是获得对于拥有的东西的控制权、处置权，所拥有的东西并没有当下现实地发挥作用。严群把这里的“ἔχειν”和“κεκτῆσθαι”分别译作“操”和“有”，其实能得其主旨，只是“操”字用法略嫌古奥，不合现代汉语习惯。

泰：正确。

苏：[197c] 让我们来看有没有可能以这个方式“占有”知识而不“持有”它。假设一个人猎取了一些野鸟、鸽子或者别的什么鸟，并且准备一个鸟笼把它养在家里；在某种意义上，我们可以说，他始终“持有”它们，因为他“占有”它们，对吗？

泰：对。

苏：在另一个意义上，他一只也不“持有”，只是对于它们而言具备了一种**能力**（δύναμις），因为他把它们置于自己的掌控范围之内；只要他愿意，[197d] 随时都可以猎取他想要的任何一只鸟，抓住并且持有它，也可以再次放开它；只要他乐意，他可以多次反复这样做。

泰：就是这样。

苏：那么，就像刚才我们在灵魂中构造了某种不知什么样的蜡板，现在让我们在每个灵魂中设置某种鸟笼，装满各种各样的鸟，有的组成一大群并且跟别的鸟儿分开，有的形成一小队，还有的独自飞翔，在其他所有鸟群中间随处穿梭。

泰：[197e] 就这么安排。接下来呢？

苏：我们必须断定，在我们还是孩子的时候这个容器是空的，还必须设想这些鸟儿代表**各项知识**（ἐπιστήμας）[①]。不管什么知识，一个人占有它并且把它置于自己的掌控范围之内，我们就说他学到了或者发现了这项知识所涉及的**事物**（τὸ πρᾶγμα）；这也就是“**认识**”。

① 这里的“ἐπιστήμας”是“知识”（ἐπιστήμη）的复数宾格形式。

泰：就算是吧。

苏：[198a] 考虑一下：再次猎取那些知识中他想要的任何一项，抓住并持有它，又放开它，这需要用什么名称来表达，跟最初占有它们的时候相同还是不同？通过下面这个方式你会更清楚地领会我的意思。你把**算术**说成**技艺**（τέχνη），对吧？

泰：对。

苏：请你把它设想为对每个关于奇数和偶数的知识的猎取。

泰：我这么设想了。

苏：我想，正是凭借这门技艺，一个人对关于各个数的那些知识有了掌控，[198b] 并且，传递者也凭借它把那些知识传递给他人。

泰：对。

苏：当一个人传递它们的时候，我们称之为“**教**”（διδάσκειν）[①]，当一个人接受它们的时候，我们称之为“**学**”（μανθάνειν）[②]，当一个人在他的笼子中**占有**它们而**有**它们的时候，我们称之为“**认识**”（ἐπίστασθαι）。

泰：确实。

苏：请注意下面这点。一个在算术方面臻于完美的人**认识**（ἐπίσταται）全部的数，不是么？因为关于全部的数的知识都存在于他的灵魂里。

泰：当然。

苏：[198c] 这样的一个人肯定曾经计算过他自己心中的那

① “διδάσκειν”也可译作“教导”或“传授”。

② 或译作“学习”。

些数本身，或者那些具有数的外在事物，对吗？

泰：当然。

苏：我们可以设定，计算跟考虑某个数的大小没什么不同。

泰：是这样。

苏：那么，这样一个人显然在考虑**他所认识的东西**（ὃ ... ἐπίσταται），就好像他**不认识**（οὐκ εἰδώς）它似的——而我们却一致同意他**认识**（εἰδέναι）所有的数。你肯定听说过这一类的矛盾吧。

泰：我听说过。

苏：[198d] 那么，用占有和猎取鸽子来进行类比，我们可以说猎取有两种：一种是在你占有之前为了要占有，另一种是在你占有之后，为了用手抓住和持有先前已经占有的。按照这个方式，即使某人早就**曾经学习到**（μαθόντι）关于某些东西的那些知识，并且**已经认识**（ἠπίστατο）这些东西，他仍然有可能通过再次抓住并且持有关于各个东西的知识而再次**领会到**（καταμανθάνειν）它们。这些知识是他早就已经占有的，只是在思想中并不处于随时可得的状态。

泰：没错。

苏：[198e] 这是我刚才所要问的问题：当一位算术家从事计算或者一位懂文法的人进行阅读的时候，我们应该用什么言语来描述他们？难道我们说，在这种情况下，一位认识某个东西的人再次从自己那里学习他认识的东西吗？

泰：这很荒谬，苏格拉底。

苏：那么，我们是不是要说，在我们已经假定他认识所有的文字和所有的数的时候，[199a] 他又在阅读或者计算他并不认识的东西？

泰：这同样是**没道理的**（ἄλογον）。

苏：我们这么来说你觉得如何：尽管有人乐于摆弄"**认识**"和"**学习**"这些语词，但是我们不在意这些语词。既然我们已经做出区分，**占有知识**是一回事，**持有知识**是另一回事，那么我们就可以断言"某人不占有他已经占有的东西"是不可能的，因而永远不会推导出"某人不认识他认识的东西"①；不过，我们要说，他仍然可能对这个东西**持有假信念**②。[199b] 因为有可能他持有的不是关于这个东西的知识，而是另一个知识，也就是说，当他猎取某个知识的时候，由于这些知识在飞，导致他弄错了，没抓住那个知识而抓住了另一个；当他把"十一"认作是"十二"的时候，情况就是这样。他抓住了自己心里关于"十一"的知识，而没抓住关于"十二"的知识，就好像他抓住了一只斑鸠，没抓住鸽子。

泰：对，这**有道理**（ἔχει ... λόγον）。

苏：当他抓住了他试图抓住的东西，他就**没有犯错**（ἀψευδεῖν），而认信了**是的东西**。以这个方式，既存在**真信念**也存在**假信念**。[199c] 那么，先前妨碍我们的东西现在清除了，对吗？可能你会同意这点，不然你会怎么办？

泰：我同意。

苏：我们已经摆脱了"不认识我们已经认识的东西"，因

① 某人不认识他认识的东西：ὅ τις οἶδεν μὴ εἰδέναι。

② 持有假信念：ψευδῆ .. δόξαν ... λαβεῖν。

为根本不会出现“不占有我们已经占有的东西”这种情况，无论我们是不是在哪个地方弄错了。但是，我觉得有另一个更可怕的状况出现了。

泰：什么状况？

苏：各个知识的调换竟然会变成为假信念。

泰：什么意思？

苏：[199d] 首先，一个人**持有**关于某个东西的**知识**，却又**不认识**（ἀγνοεῖν）这个东西，而且不是由于“**不认识**”（ἀγνωμοσύνη）[①] 而是由于他自己的“**知识**”；其次，他**认为**（δοξάζειν）这一个东西是另一个东西，而另一个东西是这一个东西——这岂不是非常**没道理**（ἀλογία）？这意味着，当“**知识**”[在灵魂中] 出现的时候，灵魂**认识不到任何东西**（γνῶναι ... μηδέν），**不认识每个东西**（ἀγνοῆσαι ... πάντα）。按照这个道理，那么完全有可能出现这个情况：“**不认识**”（ἄγνοια）的出现使一个人**认识**（γνῶναι）某个东西，或者“瞎”的出现使一个人看见——如果“**知识**”会使我们**不认识**（ἀγνοῆσαι）的话。

泰：[199e] 苏格拉底，我们仅仅用那些鸟儿代表各项知识，这可能不妥当。我们应该设想各项“**非知识**”[②] 也跟各项知识一样在灵魂中一起飞翔，这样，猎取的人有时候抓住了“**知识**”，有时候抓住了关于同一个东西的“**非知识**”，由于“**非知识**”他持有假信念，由于“**知识**”他持有真信念。

苏：确实很难不表扬你，泰阿泰德。但是，请再考虑一下

① 参阅 157b 处关于“缺乏知识”的注释。

② 参阅 157b 处关于“缺乏知识”的注释。

你的说法。姑且假定事情就如你说的那样；那么，[200a] 你说，抓住一项“**非知识**”的人**认信了假的东西**（ψευδῆ ... δοξάσει）。对不对？

泰：对。

苏：但是他肯定不会自认为**认信了假的东西**。

泰：当然不会。

苏：他会认为**认信了真的东西**；他对待那个被弄错了的东西的态度就好像有知识的人一样。

泰：确实。

苏：所以，他会认为自己猎取并持有了一项知识，而不是猎取并持有了一项非知识。

泰：显然。

苏：那么，绕了一大圈之后，我们再次回到了最初的困惑。那位辩驳高手会嘲笑说，[200b]“高人呀，一个既认识‘**知识**’也认识‘**非知识**’的人会**认为**（οἴεται）他所认识的一个东西是他所认识的另一个东西吗？还是说，他对两者都不认识，却**认为**（δοξάζει）他不认识的一个东西是他不认识的另一个东西？还是说，他认识一个东西而不认识另一个东西，从而**认为**（ἡγεῖται）他不认识的东西是他认识的那个东西，或者，认为他认识的东西是他不认识的东西？还是说，你会再次告诉我，还有关于各项知识和各项非知识的一些知识，占有这些知识的人把它们装到其他某些可笑的鸟笼或者蜡板之中，[200c] 他只要占有它们也就认识它们——即使它们并不在灵魂中处于随时可得的状态。按照这个方式，你被迫在同一个地方无数次地绕圈子，不能有任何进展？”我们对此怎么回答，泰阿泰德？

泰：宙斯在上，苏格拉底，我不知道该说什么。

苏：那么，小伙子，那个论证是对的，它批评并且指出我们搁置**知识**而先去探究**假信念**是不正确的，不是吗？［200d］除非某人充分把握到**知识是什么**，否则他不可能**认识**（γνῶναι）假信念是什么。

泰：苏格拉底，在目前的情况下，我必须按你所说的来想。

苏：那么，再次从头开始，一个人应该说知识是什么？因为我们肯定还没有放弃，对吧？

泰：当然没有，除非你放弃了。

苏：那么请你来说，什么样的说法会让我们最小程度地自相矛盾？

泰：［200e］我们先前尝试过的那个说法，苏格拉底；至少我没有想到别的。

苏：是哪一个？

泰：知识是真信念。因为**认信真的东西**（τὸ δοξάζειν ἀληθῆ）肯定是**无错的**（ἀναμάρτητον）[①]，它带来的结果也全部是又美又好的。

① “ἀναμάρτητον”的含义可以有强有弱；强含义表示“**不会错的**”（infallible），弱含义表示“**无错的**”（free from error/ free of mistakes）。绝大多数英译文都把此处的“ἀναμάρτητον”以弱含义译出（Benardete 译作 infallible，算是例外）。与此相对照，对于《理想国》477e6-7 提到的“ἐπιστήμη”是“ἀναμάρτητον”，其中的“ἀναμάρτητον”在英语学界几乎毫无例外被读作强含义——这与本篇对话录 152c5-6 提到的“ἀψευδὲς”（**不会错的**）情况类似。

苏：泰阿泰德，就像领人过河的人说的："试试你就知道了。"[1]如果我们继续探究，或许我们会遇到阻碍，而它本身会揭示我们要探究的东西；[201a] 但是，如果我们呆着不动，那么什么都搞不清楚。

泰：你说得对。让我们继续考察。

苏：这个考察不需要太繁琐：因为有整整一门技艺向你表明，这个东西[2]不是知识。

泰：怎么讲？什么技艺？

苏：在智慧方面最伟大的那些人的技艺，人们将他们称为演说家和讼师。这些人凭借自己的技艺进行说服，不是通过教导，而是通过使人们按照这些人的意愿来形成信念。或者说，你会认为他们是如此聪明的教师，[201b] 在漏壶滴水[3]的短时间内就能够充分地把发生的事情的真相教给那些在发生抢劫或者其他暴力事件的时候并不在场的人们？

泰：我绝不这样认为。他们能做到的是说服。

苏："**说服**"（τὸ πεῖσαι），你的意思不就是"**使人形成信念**"（δοξάσαι ... ποιῆσαι）？

---

① "δείξειν αὐτό"直译为"它自己会表明"。这句谚语的典故大概是这样：众人行至河边，欲蹚水而过；有人问领路人："河水深否？"领路人回答："它自己会表明。"其意思相当于"试试就知道"。参考：PCW，p. 222。

② "这个东西"指"真信念"。

③ 古代雅典法庭里使用一种称作"κλεψύδρα"的滴水计时器（相当于中国古代的"漏壶"）来限制发言者的发言时间。柏拉图原文提及的"ὕδωρ"（水）就是指漏壶的滴水。

泰：的确。

苏：对于某些只能通过观看而不能通过别的方式得知的东西，当审判员们[①]被正当地说服，那么，他们通过听说的方式对这些东西做出了判断，拥有了真信念；[201c] 他们不带知识做出判断，但是如果审判得当，他们所相信的[②]会是正确的。

泰：完全同意。

苏：如果真信念和知识〈在法庭里〉[③]是同一个东西，那么，最顶尖的审判员在没有知识的情况下也不会**认信正确的东西**（ὀρθά ... ἐδόξαζεν）。那么，现在看来，这两个东西是不同的。

泰：噢，对了，苏格拉底，我忘了曾经听某人说过这点，现在想起来了。他说，带有**说理**（λόγος）[④]的真信念就是知识，[201d]

① “δικαστής”字面上表示“法官”、“审判官”，其复数形式“δικασταί”在雅典通常表示“陪审团众成员”、“众审判员”。

② “所相信的”原文直译为“被说服的”。这里根据中文习惯改被动表达为主动表达。

③ 此处希腊文依 Campbell 读作“κατὰ δικαστήρια”，译作“在法庭里”。抄本原文（B：καὶ δικαστήρια；T：καὶ δικαστήριον）解释不通。Heindorf 将此删除；Duke 校勘本也不录于正文。Campbell 提供了几种可能的读法，并认为“κατὰ δικαστήρια”最有可能；Jowett 和 Fowler 接受这种读法。

④ “λόγος”无法得到完全准确的翻译，关键原因在于它的多义性。前面我们已经根据语境用多个译名来翻译它。此处的“λόγος”既表示“理由”（Ficino 的拉丁语译法：ratio），又表示承载理由的语言表达（Serranus 的拉丁语译法：oratio），翻译者常常只能顾此失彼。英文的译法有 reason、account（rational account）、explanation（rational explanation）和 definition，等等；法文的译法有 explication/expliquer 和 raison，等等；Schleiermacher 的德文译法是 die Erklärung。中文已有译法包括“理由”（严群）、“解释”（王晓朝）和“说明”（何畫瑰），均有一定道

而没有说理的真信念就是知识之外的东西；那些缺乏说理的东西不是“**可知的**”（ἐπιστητά）——这是他们的措辞[①]——而那些具有说理的东西是可知的。

苏：你说得很好。不过告诉我，他以什么方式来区分**可知的东西**和**不可知的东西**。看看你和我听说过的是不是同一个东西。

泰：我不知道我能不能弄清楚。不过如果其他人说出来，我觉得我能跟得上。

苏：那我就“以梦还梦”[②]了，请你听好。我似乎从某些人那里听说，[201e] 那些所谓“基本元素”[③]，也就是我们和其他东西都由之组合而成的东西，不具有说理；因为它们每一个自身就自身而言只能被命名，而不能对它附加其他表述，既不能说它“是”，也不能说它“不是”；[④] [202a] 因为那样会给它

理，但又不够精准。我在此尝试译作“说理”，希望它兼有“说 / 陈述”和“理由”的含义。本对话录后面对“λόγος”这个词的多义性有所揭示，参考 206c 以下。

① 也可直译作“他们就是这样来称呼的”。这句插入语提示我们，“可知的”（ἐπιστητὰ）这个措辞在当时是让人感到陌生的。

② 苏格拉底把他将要说的内容和前面泰阿泰德说的东西都戏称为“梦”，大概是表示这些说法仅仅是道听途说，而且是模糊不清的，又或者指一个人对其没有真正的理解，仅仅有所揣测而已。“梦”与“清醒”的对照有时候也被用来类比“信念”和“知识”的对照（参考《美诺》85c-d;《理想国》476c-d）。接下来说的这段话常常被人们称为“梦论”（Dream Theory）。

③ 基本元素：τὰ πρῶτα στοιχεῖα。

④ “λόγος”（说理）这个词还兼有“陈述 / 句子”的意思，所以，不具有“λόγος”的东西还可表示不能用句子表述的东西。这里说的只能命名、不能附加其他表述，就是这个意思。

附加上“是”或者“不是”，而我们不应该给它附加上任何东西——假如我们要唯独说及那个东西本身的话。实际上，“本身”、“那个”、“每个”、“唯独”、“这个”或其他许多这类东西也不应该被加上。这些东西遍及各处，被附加到每一个东西上面，它们跟被附加的东西其实是不同的。如果一个东西能够得到自我说明并拥有它自己的说理，那么它不用其他任何东西就可以得到说明。但实际上，任何基本的东西都不可能通过说理得到说明。[202b]它只能被命名，因为它只有名称。由它们结合而成的那些东西，由于它们本身是结合而成的，所以它们的那些名称的组合物形成了一个说理；因为诸名称的结合[①]就是说理之所是。[②]所以，元素是**无说理的**和**不可知的**，却是**可感觉的**；结合物[③]才是可知的、可说明的，可以在真信念中得到认信。当某人获得了关于某个东西的真信念而缺乏说理，[202c]那么，关于这个东西，他的灵魂**得真**（ἀληθεύειν）了，但不**认识**（γιγνώσκειν）。[④]因为当一个人不能够给出并

① 诸名称的结合：ὀνομάτων συμπλοκήν。希腊文“名称”（ὄνομα）一词兼有“语词”的含义，故“诸名称的结合”也有“诸语词的结合”的意思。在《智者》261d以下，柏拉图再次讨论了这个主题，即，“陈述”（λόγος）作为“诸语词的结合”。

② 维特根斯坦《哲学研究》（第46节）引述了苏格拉底的上面这段话。

③ 结合物：τὰς συλλαβάς。“συλλαβή”的原义是结合物或组合物，也引申为“音节”（即，字母的组合物）。

④ “ἀληθεύειν”是从“ἀλήθεια”（**真**、**真实性**、**真理**、**真相**）衍生而来的动词。在这里尝试译作“**得真**”，意思是“**得到真**”、“**达到真**”。译者曾尝试将其译作“**把握到真**”，后来发现“把握”含义过强；

接受关于一个东西的说理，那么他关于这个东西是**缺乏知识的**（ἀνεπιστήμονα）。但是当他把握到了说理，那么所有这些事

因为此处"ἀληθεύειν"与"认识"相区分，而"**把握到真**"与"认识"就难以区分了。简言之，这里的"**得真**"是"**触及到**真"（参考《泰阿泰德》186c7的"ἀληθείας τυχεῖν"），而不必是"**把握到**真"（尽管它在其他语境可以有这个意思）。这里提供几种现代西文译法以资参考："is in a state of truth"（PCW）、"has the truth"（Fowler）、"sei ... im Besiz der Wahrheit（Besiz 应为 Besitz）"（Schleiermacher）、"est dans le vrai"（Diès）。"ἀληθεύειν"在许多语境里有"**说真话**"（to say what is true）的意思（从而又指"**保持诚实**"），与"ψεύδεσθαι"（**说假话、说谎**）相对。亚里士多德在逻辑学语境中谈到一个"思想"或"语句"可以"**为真/是真的**"（ἀληθεύειν），也可以"**为假/是假的**"（ψεύδεσθαι）。海德格尔对"ἀληθεύειν"与"ἀλήθεια"有特别的解释，主要与"无遗忘"、"去遮蔽"等词源含义相关，请读者参考相关文献，这里不论。柏拉图著作中"ἀληθεύειν"的出现频率并不高（见《申辩》34b5、《克拉底鲁》431b2、《阿尔基比亚德前篇》122a3、《理想国》413a6-8，589c3、《法律》885e7），其中《理想国》413a6-8的用法与此处最为接近，在那里，"认信**是的东西**/持有真信念"（τὸ τὰ ὄντα δοξάζει）被苏格拉底说成"ἀληθεύειν"（ἢ οὐ τὸ τὰ ὄντα δοξάζειν ἀληθεύειν δοκεῖ σοι εἶναι;）。另参考《美诺》97b5-7："只要另一个人拥有**知识**（ἐπιστήμην）的那个东西，这个人对之拥有**正确信念**（ὀρθὴν δόξαν），那么，这个人的指引也可能与另一个人同样好——他**想了真的东西**（οἰόμενος ... ἀληθῆ），尽管并不**认识**（φρονῶν），犹如有所认识的那个人。"在这里，"想了真的东西"等于《理想国》413a中说的"持有真信念"，从而也等于"ἀληθεύειν"，而它被区别于"φρονεῖν"；可见，《泰阿泰德》202c1这里的"γιγνώσκειν"应该被看作与《美诺》97b7的"φρονεῖν"同义，它们都是与"知识"（ἐπιστήμη）直接对应的动词，而且实际上更接近于我们所说的"**理解**"。此外还可参考《会饮》202a5-9，在其中，"正确认信/真信念"（τὸ ὀρθὰ δοξάζειν）被说成处于"知识"与"无知"之间的东西；它不是"知识"，因为它"不能给出说理"（ἄνευ τοῦ ἔχειν λόγον δοῦναι）；它也不是"无知"，因为它"触及了是的东西"（τὸ γὰρ τοῦ ὄντος τυγχάνον）。

情都变成可能的，而且他在知识方面达到完全。你听到的梦就是这样的，还是不一样的？

泰：完全跟这一样。

苏：那么，你对它感到满意，并且这样设定：知识是带有说理的真信念，对吗？

泰：很准确。

苏：[202d] 过去很多有智慧的人曾经探究但是到老都没有发现的东西，我们却在今天这一刻以这种方式把握到了，是这样吗，泰阿泰德？

泰：至少在我看来，目前这个说法说得很好。

苏：实际情况可能就跟这个说法一样。因为除了说理和真信念，知识还会是什么呢？但是，这些论述中有一点不能让我满意。

泰：哪一点？

苏：可以说是最精妙的一点，也就是说，“元素”是不可知的，[202e]“结合物”这个类型才是可知的。

泰：这点不正确吗？

苏：我们必须弄清楚。因为我们有某种扣押物在手上，也就是说出所有这些话的时候所使用的东西，它们可以用作论证的范例。

泰：什么东西？

苏：语言文字的元素（字母）和结合物（音节）[①]；我们谈论

① “στοιχεῖα”既可以泛指“元素”也可以特指“字母”（语音的元素），“συλλαβή”既可以泛指“组合物”也可以特指“音节”（语音

的这些说法的叙述者着眼于这些东西，你不这样认为吗？

泰：我认为就是这些东西。

苏：[203a] 那么，就让我们把它们拿来检验一番，或者宁可说，让我们检验一下我们自己，看看我们是不是按照这种方式来学习字母。先看第一点：音节具有说理，而字母缺乏说理，这对不对？

泰：很可能对。

苏：的确，我也这么觉得。如果有人关于“ΣΩΚΡΑΤΗΣ”[①]的第一个音节向你提问，“泰阿泰德，请你说明 ΣΩ 是什么？”你怎么回答？

泰：Σ 和 Ω[②]。

苏：这就是你对这个音节所持有的说理？

泰：对。

苏：[203b] 那么，请继续，以这种方式说出 Σ 的说理。

泰：一个人怎么能表达出一个元素的元素？实际上，苏格拉底，Σ 是一个不发声的[字母][③]，只是一个噪音，就像舌头嘶嘶

的组合物）。请注意：这里的“字母”不应该仅仅理解为“文字”的元素，也应该理解为“语音”的元素（因为古希腊文字是表音文字）——换言之，我们不单要把这里的“στοιχεῖα”理解为“**字**母”，也要理解为“**音**母”——只有这样，我们才能明白下面为何一直在谈论语音的问题，而不单是书写的问题。“**音**节”这个说法刚好与“**字**母”相反，字面上强调了语音方面，而忽略了书写方面。

① “ΣΩΚΡΑΤΗΣ”是苏格拉底的希腊文名字，读作“Sōkratēs”。

② 分别读作“sigma”和“omega”。

③ 这里所谓“不发声的[字母]”（τῶν ἀφώνων）相当于我们今天所谓“辅音字母”。

作响；再譬如B[①]，它既不发声也算不上噪音，其他许多字母也是这样。所以，说它们本身缺乏说理是很对的，即使七个最清晰的字母[②]也只有声音，没有任何的说理。

苏：关于知识，我们在这点上肯定没有搞错。

泰：看来是这样。

苏：[203c] 但是，字母是不可知的，音节是可知的，我们的这个阐明是正确的吗？

泰：可能是。

苏：接下来，我们要说，音节是两个字母（如果多于两个，就是这个音节的全部字母），还是说，音节是这些字母组合起来以后形成的某种统一体[③]？

泰：我认为音节是其中的全部字母。

苏：那么就拿 Σ 和 Ω 这两个来说。这两个在一起是我的名字的首个音节。认识这个音节的人也就认识这两个字母，对不对？

泰：[203d] 当然。

苏：所以，他认识 Σ 和 Ω。

---

① 读作“beta”。

② 指希腊语的七个“元音字母”：A、E、H、I、O、Υ 和 Ω。

③ 统一体：μία ἰδέα。这个短语译作“统一形式”或“统一类型”均不妥当，译作“统一理念”更加不对，因为“ἰδέα”在这里的含义等同于“οὐσία”或“φύσις”，表示“本性”或“具有自己本性的东西”。当Cornford和Waterfield分别用“entity”和“identity”来翻译这个“ἰδέα”的时候，他们显然很清楚这一点，而Fowler用“concept”来翻译则有些勉强。我们直接将“μία ἰδέα”译作“统一体”，因为它的重点实际在于“μία”而不在于“ἰδέα”。参考203e处的注释。

泰：对。

苏：怎么会呢？两个字母中每一个他都不认识，在对各自都不认识的同时怎么会认识两者？

泰：这是荒谬和没道理的，苏格拉底。

苏：如果某人在认识两者之前必须认识各自，那么，他在认识一个音节之前就必须预先认识各个字母，于是，我们那个美妙的理论就这样溜走并且消失了！

泰：[203e] 这也太突然了。

苏：是的，因为我们没有看护好它。或许我们应该设定音节不是那些字母，而是由它们产生的某个统一体[①]，它拥有自己的统一性[②]，与那些字母不同。

泰：确实。这样设定可能比刚才那样要好。

苏：我们来考察一下这点吧，不要以如此懦弱的方式放弃这个重大而庄严的理论。

泰：确实不应该。

苏：[204a] 让我们像刚才说的这么设定："组合物"（音节）是由榫合在一起的若干"元素"（字母）形成的统一体，对于语言文字而言是这样，对于其他各种东西而言也是这样。

泰：当然。

苏：那么，它不应当有若干部分[③]。

---

① 这里的"ἕν εἶδος"与203c处的"μία ἰδέα"同义。

② 这里的"μία ἰδέα"显然较之前面的"ἕν εἶδος"（以及203c处的"μία ἰδέα"）更为抽象，因而不再译作"统一体"而译作"统一性"。

③ 部分：τὸ μέρος。参考英译：the part。

泰：怎么讲？

苏：当一个东西有若干部分，那么，“整体”[1]必然是其“一切部分”[2]。还是你认为，“整体”是由若干部分形成的统一体，异于“一切部分”？

泰：我这么认为。

苏：你把“总体”[3]和“整体”说成同一个东西，[204b]还是彼此相异？

泰：我不太确定；但是，因为你一直让我大胆做出回答，我会冒险说，它们是相异的。

苏：泰阿泰德，你的大胆是对的。至于答案对不对，我们必须考察一番。

泰：当然必须。

苏：按照你刚才的说法，“整体”与“总体”相异？

泰：对。

苏：那么，“全部”[4]和“总体”有何不同吗？例如，当我们说“一、二、三、四、五、六”；或者，[204c]“三的两倍”，“二

① 整体：τὸ ὅλον。参考英译：the whole。

② 一切部分：τὰ πάντα μέρη。参考英译：all the parts。这里作为修饰语的“一切”（πάντα）在中文里还可以表达为“所有”或“全部”。不过，“全部”这个词本身已经暗指“一切部分”，故而“全部部分”将会是怪诞的表达——这就是我们选择“一切部分”这个译法的原因。然而，当“τὰ πάντα”作为名词单独出现的时候，我们可以正确地将它译作“全部”（或“一切”），如后面的译文所示。

③ 总体：τὸ πᾶν（“all”的单数形式）。参考英译：the sum。

④ 全部：τὰ πάντα（“all”的复数形式）。参考英译：all the things。

的三倍”，“四加二”，“三加二加一”，我们在这些场合中说到的是同一个东西还是不同的东西？

泰：同一个东西。

苏：它无非是“六”？

泰：是。

苏：我们在每一种表达中都说到了全部的“六”。

泰：对。

苏：我们在说到“全部”的时候没有说到“总体”吗？①

泰：必定说到了。

苏：它无非是“六”？

泰：是。

苏：[204d] 那么，至少对于由一定数目构成的东西而言，“总体”和“全部”表示相同的东西。

泰：显然。

苏：我们还可以按这个方式来谈论这点：一亩的数和一亩是同一个东西，对吗？

泰：对。

苏：一里的数也等同于一里。

泰：对。

① 这句话的希腊原文有可疑和不通之处。Duke 校勘本依照抄本辑为“πὰλιν δ' οὐδὲν”，但是我们这里采纳 Campbell（1861）的意见（也被 Burnet 和 Cornford 采纳），读作“πᾶν δ' οὐδὲν”。Campbell（1883，第 2 版）后来又主张读作“πάλιν δέ, πᾶν οὐδὲν”。Hermann 主张读作“πάλιν δ' οὐχἕν”（被 Kennedey 和 Fowler 采纳）。

苏：一个军队［中的军人］的数也等同于这个军队，所有这类东西都与此类似，对吧？在这些情况中，它们的总数就是它们各自的“总体”。

泰：对。

苏：［204e］它们各自的单位数也就是它们各自的诸部分？

泰：对。

苏：具有部分的东西也就是由部分构成的东西，对吗？

泰：显然。

苏：既然“总数”就是“总体”，那么，我们也就认可了“一切部分”是“总体”。

泰：是这样。

苏：那么，“整体”不是由部分构成的，因为这样的话，“整体”会是“一切部分”并且是“总体”。

泰：似乎是这样。

苏：但是，“部分”除了是“整体”的部分之外，它还会是其他东西的部分吗？

泰：对，会是“总体”的部分。

苏：［205a］你在英勇作战，泰阿泰德。但是，“总体”岂不是当它毫无缺失才算是“总体”？

泰：必然。

苏：“整体”岂不就是这同一个东西，也就是说，无论哪一方面都毫无缺失的东西？有所缺失的东西既不是“整体”也不是“总体”——两者在相同的条件下产生相同的结果，对吗？

泰：现在我觉得“总体”和“整体”没有什么差别。

苏：我们说过了，如果一个东西有若干部分，那么这个东西的“整体”和“总体”会是其“一切部分”，对吧？

泰：当然。

苏：好吧，回头再看我刚才尝试处理的问题。如果结合物不是它的若干元素，[1][205b]是否必然得出，结合物所包含的元素不能被看作自己的部分；不然的话，结合物和它的若干元素会是同一个东西，从而它们以同样的方式是可知的，对吗？

泰：是这样。

苏：为了避免发生后面这个情形，我们要设定结合物跟它的若干元素不同？

泰：对。

苏：如果若干元素不是结合物的若干部分，你能说出除了元素之外的其他东西是结合物的部分吗？

泰：我实在不能，苏格拉底。如果我认可结合物有若干部分，那么我放弃元素而去找其他东西是可笑的。

苏：[205c]那么，泰阿泰德，按照目前的论证，结合物会是某种绝对不可划分的统一体。

泰：看来是这样。

苏：你还记得吗，不久前我们承认了一个我们认为很妥当

---

① 读者需要记住：在希腊原文中，“结合物”与“音节”是同一个词（即，συλλαβή），而“元素”与“字母”是同一个词（即，στοιχεῖα）。有些英译本此处译作“syllable”和“letter”（如，Fowler 和 Cornford），另一些则译作“complex/composite”和“element”（如，McDowell 和 Chappell）。这种翻译上的差异对此处讨论主题的理解没有多大影响。

的说法，也就是说，其他东西由之构成的基本元素是没有说理的，因为它们每一个以自在的方式是“非复合的”；在说到它的时候把“是”或“这个”附加于它也是不正确的，因为这些词都表示与之不同的、外在于它的东西，而这也是使得它缺乏说理和不可知的原因。

泰：我记得。

苏：不正是由于这个原因，它才是单质的和不可划分的东西吗？我看不出有什么别的原因。

泰：[205d] 显然没有别的原因。

苏：如果结合物没有部分而是统一体，那么，它岂不成为了跟元素相同的类型？

泰：完全没错。

苏：如果结合物既是多个元素，又是以这些元素为部分的整体，那么，结合物和这些元素以同样的方式是可知的和可说明的，因为“一切部分”已经被表明为与“整体”是相同的东西。

泰：[205e] 的确。

苏：但是，如果结合物是“一”和没有部分的，那么，结合物和元素以同样的方式是缺乏说理的和不可知的；相同的原因使得它们出现这个情形。

泰：我不反对这点。

苏：因此，如果有人说结合物是可知的和可说明的，元素的情况相反，我们不能同意。

泰：如果我们相信这个论证，就不能同意。

苏：[206a] 你自己在语文学习过程中的体会岂不是让你更

倾向于接受与此相反的说法?

泰:什么体会?

苏:在学习过程中,你只是不断地努力通过视觉和听觉辨认字母,把它们每一个独立地分辨出来,以免在书写或者说话的时候让字母的序列把你搞糊涂了。

泰:你说得非常正确。

苏:当你向音乐老师求学,其最高成就不就是能够跟得上每个音调并且说出它出自哪根弦[206b]——那些音调被每个人都承认为音乐的元素,对吧?

泰:没错。

苏:如果从我们自己熟悉的元素和结合物出发进而推广到其他各种东西,那么我们就会说,关于元素这个类型比关于结合物这个类型可以获得更加清楚的**认识**(γνῶσις),而且对于完全掌握每一门学问而言元素比结合物更加重要;如果有人说,结合物本性上是可知的,而元素本性上是不可知的,我们会认为他在开玩笑——不管有意还是无意。

泰:的确。

苏:[206c]我觉得,还有另外一些证明方式可以被提出来。但是,我们不要为此忘了审视摆在面前的问题,也就是:真信念附加上说理就变成了最完满的知识,这究竟是什么意思。

泰:必须审视一番。

苏:来吧!我们到底用"**说理**"(λόγος)来表示什么?我觉得,它表示这三者之一。

泰:哪三者?

苏：[206d] 第一个会是：通过由动词和名词[①]组成的**语言**（φωνή）让自己的思想显示出来，也就是把信念投影到口里发出的气流中——就像投影到镜子或水面上。你觉得“说理”是这样一种东西吗？

泰：对。不管怎样，我们断言这么做的人在**做说明**（λέγειν）。

苏：这是每个人迟早都能做的事情：只要不是从一开始就成了聋子或者哑巴，每个人都能显明自己关于每一个东西的所想。[206e] 这样的话，无论哪个人正确地认信了某个东西，显然都带有说理，于是，与知识有别的正确信念无论在哪儿也不会出现。

泰：正确。

苏：对于我们正在考察的这个知识[的定义]的主张者，我们不要轻易地指责他在说废话。因为很可能这个主张者不是这个意思。他的意思可能是：当被问及一个东西是什么的时候，[207a] 能够列举它的诸元素从而对提问者做出回答。

泰：例如什么呢，苏格拉底？

苏：例如，赫西俄德在谈到马车的时候，说，“马车有上百根木料”[②]。我不能说出这些木料的名称，我估计你也不能；如

① 这里把“ῥημάτων τε καὶ ὀνομάτων”翻译为“动词和名词”，而不是“短语和语词”或“表达式和名称”，其理由可参考《智者》262a，在那里，“ῥῆμα”被说成表示动作的符号，而“ὄνομα”被说成表示施动者的符号。译者相信，柏拉图在写作《泰阿泰德》的时候已经注意到了《智者》中提及的这种动词与名词之间的区分。

② 参考赫西俄德《工作与时日》，第 456 行。

果我们被问到马车是什么，我们能说出轮、轴、车身、栏杆和轭，就算差强人意了。

泰：的确。

苏：但是，很可能他会认为我们很可笑，就好像他问到你的名字，我们却通过说出各个音节来作答。[207b]尽管就所说的东西我们做出了正确认信和说明，但是如果自以为是文法专家，能够像文法专家那样说明“泰阿泰德”这个名字的“说理”，那么这也是可笑的。除非某人在真信念之余还能够完全列举出那个东西的各个元素，否则他不可能带有知识地做出说明。这应该是我们前面说过的。①

泰：说过了。

苏：按照这个方式，他会说我们关于马车持有正确信念，但是，那位能够通过上百个部件而详细阐明马车之“所是”的人通过附加上这点而为其真信念附加上了“说理”，[207c]他关于马车的“所是”具备了专业技艺和知识，而不仅仅是信念，因为他通过诸元素成全了整体。

泰：你不觉得这个观点很妥当吗，苏格拉底?

苏：小伙子，你是否觉得它很妥当?你是不是接受这个观点，也就是说，把各元素贯通起来就是关于一个东西的“说理”，而把结合物或者更大的单位贯通起来则仍然是缺乏说理。请你回答，[207d]然后我们来进行考察。

泰：我当然接受。

---

① 指前面201e以下处说及的“梦中的理论”。

苏：如果，对于同一个东西，一个人时而[①]觉得它属于这一个东西，时而觉得它属于另一个东西，或者，他时而认为这一个东西时而认为另一个东西属于同一个东西，那么，你认为他对于［其中］任何一个东西**有知识**（ἐπιστήμονα εἶναι）吗？

泰：我当然不认为。

苏：你不记得你和别人在刚开始学习语文的时候都做了这样的事情吗？

泰：你的意思是，我们时而把这一个字母时而把另一个字母认作属于同一个音节，［207e］时而把同一个字母置于合适的音节里时而又把它置于别的音节里，对吗？

苏：这就是我的意思。

泰：我当然没有忘记，我也不认为那些处于这种状况的人**有知识**（ἐπίστασθαι）。

苏：如果在这个阶段，某人在写"ΘΕΑΙΤΗΤΟΣ"[②]的时候，他认为应该写"Θ"和"Ε"[③]而且这么写了，［208a］在他试图写"ΘΕΟΔΩΡΟΣ"[④]的时候，他认为应该写"Τ"[⑤]和"Ε"

---

① 这里把"τοτὲ"读作对"δοκῇ"和"δοξάζῃ"的限定（如Chappell的读法），而不是对"εἶναι"的限定（如Fowler、Cornford和PCW等的读法）。参考：Chappell，p. 226。

② 泰阿泰德的希腊文名字，读作"Theaetētus"。

③ 分别读作"thēta"和"eta"。

④ 塞奥多洛的希腊文名字，读作"Theodōrus"。

⑤ 读作"tau"。"Τ"是不送气音，"Θ"是送气音（读起来并不像英语"thank"中的"th"，而有点像汉语的"特"）。如果把"ΘΕΟΔΩΡΟΣ"译为"特奥多洛"比"塞奥多洛"要准确一些，但是"塞奥多洛"似乎

而且这么写了，那么，我们会认为他认识了你的名字的首个音节吗？

泰：不，我们刚刚才同意处于这种状况的人**没有知识**（μήπω εἰδέναι）。

苏：他完全有可能在第二个、第三个乃至第四个音节上也处于这种状况，对吗？

泰：对。

苏：当他在书写“ΘΕΑΙΤΗΤΟΣ”的时候，只要他按照顺序写对了，那么他在正确信念之外还掌握了贯通各元素的路径（διέξοδος）①。

泰：显然。

苏：[208b]尽管他认信了正确的东西，但是就像我们说过的，他仍然是缺乏知识的，对吗？

泰：对。

苏：可是在正确信念之余他还拥有了一个“说理”。因为他在书写的时候掌握了贯通各元素的路径（ὁδός），而我们同意这就是“说理”。

泰：正确。

苏：那么，存在一种带有说理的正确信念，它还不可以被

已经被广为接受了，我们就不便再改。在人名翻译方面，约定俗成的原则有时候优先于精确性原则——实际上，用汉字来音译西方语言的人名、地名之类，无论如何不可能有多高的精确性。

① 此处使用“διέξοδος”这个词，而208b5和208c6使用了“ὁδός”，意思一样，均译为“路径”。此“路径”显然不是指我们日常行走的道路，而是取它的抽象含义，可理解为“贯通方式”之类。

称为知识。

泰：恐怕是这样。

苏：我们刚才自认为拥有了关于知识的最正确的说理，现在看起来不过是梦里发大财。或者说，我们的指控太早了点？很可能有人不把“说理”界定为这个东西，[208c]而界定为三者当中的剩下的那一种。我们说过，任何把知识界定为“带有说理的正确信念”的人都要在这三者中选择一种。

泰：你提醒得好。还剩下了一种可能性。第一种是思想在语言中的影像（εἴδωλον），第二种是刚才讨论过的：贯通各元素而达整体的路径。那么，第三种你指什么呢？

苏：就是许多人都会说的：能够说出所问的东西区别于其他所有东西的某个标识（σημεῖον）。

泰：你能为我举例说明这种关于某个东西的“说理”吗？

苏：[208d]如果你愿意，就以太阳为例。我想你会满意这个说法，也就是说，它是环绕大地的天体中最明亮的一个。

泰：当然。

苏：请注意为什么我举这个例子。因为，正如刚才说过的，如果你掌握了一个东西区别于其他东西的差异性，那么，就像某些人说的，你就掌握了它的“说理”。但是，如果你把握到的是某种共性，那么你的“说理”就会属于全体具有该**共性**（ἡ κοινότης）的东西。

泰：[208e]我明白了。我觉得把这种东西称为“说理”非常妥当。

苏：如果一个人拥有关于某个东西的正确信念，此外他又把握到了这个东西跟别的东西的差异性，那么，关于这个东西他就会变成**认识者**（ἐπιστήμων），而在此之前他是**认信者**（δοξαστής）[①]。

泰：我们就这么主张。

苏：确实，泰阿泰德，当我现在靠近我们的论述，就好像靠近一幅布景画一样，我对它根本一点儿也不理解，而在远处看的时候还觉得说了点什么东西。

泰：这话怎么讲？

苏：[209a] 我会告诉你，只要我做得到。譬如我关于你持有正确信念，如果我再附加上关于你的“说理”，那么我就会认识你，否则我就只是认信，对吗？

泰：对。

苏：这个“说理”也就是关于你的**特性**（διαφορότης）的**解释**（ἑρμηνεία）。

泰：是这样。

苏：当我还只是认信的时候，我在思想中没有触及到你区别于其他人的任何一点？

泰：看来没有。

苏：那么我在思考某个共性，它并不更加属于你而不属于其他人。

泰：[209b] 必然。

苏：宙斯在上！在这种情况下我所认信的怎么会更加是你而不是其他某个人？假设我这样思考：“泰阿泰德就是这个，也

① “[ὁ] ἐπιστήμων”或译作“有知识者”、“拥有知识的人”；“[ὁ] δοξαστής”或译作“有信念者”、“持有信念的人”。

就是说，一个拥有鼻子、双眼、嘴巴以及其他各个身体部位的人。”这个思想会使我更加地想到泰阿泰德而不是塞奥多洛或者常言说的“最微不足道的密细亚人”吗？[①]

泰：怎么会嘛。

苏：如果我不仅思考“一个有鼻子和双眼的人”，[209c]进而思考“一个塌鼻梁、凸眼睛的人”，那么我所认信的会更加地涉及你而不是我自己或者类似的人吗？

泰：不对。

苏：我想，除非你的塌鼻特征在我的心里留下了跟其他我见过的塌鼻子的人不同的记忆，而且你由之而成为你的其他特征也是如此，否则我心里所认信的不会是泰阿泰德。如果我明天遇到你，这个东西会让我回忆起来，并且关于你会有正确认信。

泰：完全正确。

苏：[209d]所以，关于每一个东西的正确信念都会是关于其特性的？

泰：很显然。

苏：那么，“正确信念附加上说理”会是什么？一方面，如果这表示我们必须附加上一个东西如何区别于其余东西的信念，那么，这个要求是非常荒谬的。

泰：怎么会？

苏：我们对一个东西如何区别于其余东西已经持有正确信

① 密细亚（Μυσία/Mysia）是小亚细亚西北部的一个地区。按流传的说法，密细亚人特别羸弱、微不足道。参考：Fowler，p. 253，n. 1；Waterfield，p. 128，n. 2。

念，然而我们又被要求附加上这个东西如何区别于其余东西的正确信念。比起这种绕圈子，[209e] 在密码棒上绕带子[①]或者用磨盘碾东西都不算什么了；把这称为“盲人带路”可能更为正当。因为它要求我们附加上我们已经拥有的东西，以便领会到我们已经认信的东西，这太像在黑暗中打转了。

泰：那么，另一方面呢？你刚才提问时还想说什么？[②]

苏：小伙子，如果“附加上说理”要求我们必须**认识**（γνῶναι）特性而不仅仅对它有所**认信**（δοξάσαι），那么我们关于知识的这个美妙“说理”就太过有趣了！因为“**认识**”（τὸ ... γνῶναι）当然就是“**获得知识**”（ἐπιστήμην ... λαβεῖν），[210a] 对吗？

泰：对。

苏：那么，这样看来，当被问到知识是什么，回答会是：正确信念附加上关于特性的知识。因为按照那个说法，这就是附加上说理。

泰：似乎是这样。

苏：当我们在探究“知识”[是什么] 的时候，回答说它是正确信念附加上“知识”——不管关于特性的知识还是关于其他什么的知识，这是非常傻的。所以，泰阿泰德呀，知识既

---

① “σκυτάλη”是古希腊人使用的密码棒，它通常是一根木棒，可以在上面绕上皮革带子之类的东西然后写上机密内容，而密码接受者需要用一个相同尺寸的木棒将密码条绕在上面进行解读。

② 这句话的希腊文本有一些不清楚，校勘者之间颇有争议，但是基本意思是明确的：泰阿泰德的问题针对的是苏格拉底在 209d 处所说的“那么，‘正确信念附加上说理’会是什么？一方面……”。

不是感觉，[210b] 也不是真信念，也不是真信念附加上说理。

泰：看上去不是。

苏：小伙子，关于知识，我们还处于怀孕和阵痛的状态中呢，还是已经全都生产出来了？

泰：宙斯在上，就我而言，由于你的缘故，我已经说出了多于我本来拥有的东西。

苏：那么，我们的助产技艺宣告，所有这些产物都是风卵而不值得养育？

泰：完全同意。

苏：泰阿泰德，假如今后你尝试怀上别的，而且假如你真地怀上了，[210c] 你会由于目前这个探究而怀上更好的。假如你还是空空如也，那么你会对与你在一起的人少一些粗暴，变得更温和一些，[①] 因为你有了自知之明：不认为认识自己不认识的东西。我的技艺所能做到的就只有这么多，再没有别的；我不知道其他人——当今和过去那些伟大和神奇的人们——所知道的任何主题。然而，我母亲和我从神那里领受了这门助产技艺，[210d] 她针对的是妇女，而我针对的是年轻、高尚的男子，乃至所有美好的人。

现在，我必须去国王柱廊了，去应付美勒托对我的指控。不过，塞奥多洛，明天早晨让我们再回到这里。[②]

---

① 参考《美诺》最后一句话（100b7-c2），苏格拉底对美诺说，如果他能够说服阿尼图斯（Anytus），让他变得更温和一些，就是给雅典人民造福了。

② 柏拉图另一篇作品《智者》的对话场景被安排在这里所说的“明天早晨”。

汉希索引[①]

① 索引条目中标注的斯特方页码及栏码依据 OCT 本（部分是 Burnet 校勘本的行码，部分是 Duke 校勘本的行码，两本基本一致，但有时容许有一行左右的出入）。汉译词请在其附近查找。

变得不一样	ἀνομοίωσις	166c1
变化	ἀλλοίωσις	181d2，181d5
变化〈动词〉	ἀλλοιόω	181e2，182c7，182c9
变易	γένεσις	153e2，155e6
变易的东西	[τὰ] γιγνόμενα	160d2
变动（运动）	κίνησις	152d7，152e8，153a7，153a10，153b6，153b10，153c3，156a5，156c-d，157a3，181c-182a，182c，183b
标识	σημεῖον	208c7
表象	[τὰ] φάσματα	155a2
不会错的	ἀψευδές	152c5，160d1
不可知的	ἄγνωστος	202b6，202e1，205e3
不认识	ἀγνωμοσύνη	199d2
不认识［名］	ἄγνοια	176c5，199d6
不是〈动词〉	οὐκ ἔστι （μὴ εἶναι/ μὴ οὐσία）	152a4，153a7，155b1，155c2，160c9，171a3，185c6，185c9，188d1，201e5，202a1，etc.
不是的东西	[τὸ] μὴ ὄν（τὰ μὴ ὄντα）	152a4，160c9，166d，166d2，167a7，188d3，188d9，188e9，189a10，189b1，189b4
不相似［性］	ἀνομοιότης（τὸ ἀνόμοιον）	185c10，186a6
不相似的	ἀνόμοιος	185b4
不一样的	ἀνόμοιος	159a3，159a7，159b4-10，159d10
部分	μέρος	155e7，204a，204e-205b，205d

或然性	[τὸ] εἰκός	162e6
疾病	νόσος	157e2，158d8
集合	ἄθροισμα	157b9
几何学（几何）	γεωμετρία	143d3，143e2，145c7，156c，165a2
几何学家	γεωμέτρης	143b8，162e7
记忆	μνήμη	163d2，163e4，166b2
技艺（技术）	τέχνη	146d2，147b9，147b12，149a4，149a7，149c2，149e1，150b6，150c1，151b1，161e5，176c7，184b1，198a5，198a10，201a4，201a8，210b8，210c4
假（假的东西 / 错误）	[τὸ] ψεῦδος	150c2，150e6，161a1，194a4
假信念（错误信念）	ψευδής δόξα	170b10，187b5，187e5，189b8，189b12，190e，191b，193e7，194b1-2，195b2，195c8，196c7，199a9，199c1，199c10-11，200c8
见解	δόγμα	157d2
将来（未来）	[τὸ] μέλλον	178a-c，179a6
教（教导）	διδάσκειν	163c2，170b4，198b4，201a9
教育（教养）	παιδεία	145a9，167a4，186c4
结合物	συλλαβή	202b7，202e1，202e6，205b1，205b8，205b9，205c2，205d4，205d7，205d8，205e2，205e6，206b6，206b8，206b9，207c8，207d10，207e3

灵魂（心灵）	ψυχή	145b1，150b8，150d2，153b9，153c3，155b5，158d3，167b1，173a3，173a6，175b4，175d1，180b1，184d3，185d3，185e1，185e6，186a4，186b8，186c2，187a5，189e6，190c7，191c8，192a3，194c5，194c7，197d5，198b10，199d4，199e3，200c2，202c1
流动的东西	[τὰ] ῥεύματα	180d2
论断	λόγος	190a5
论断（做论断）〈动词〉	[τὸ] λέγειν	190a5，190c5，190c6
论证	λόγος	158a5，160e8，163a8，163e2，164a1，etc.
论证迷	[ὁ] φιλόλογος	161a7
吕西玛库〈地名〉	Λυσιμάχος	151a1
麦里梭〈人名〉	Μέλισσος	180e2，183e3
貌似可信的论证	πιθανολογία	162e9
没道理（不合理）	ἀλογία	199d4
没道理的(不合理的）	ἄλογος	199a3，203d6
美勒托	Μελήτος	210d3
梦	ἐνύπνιον	157e2，202c5
梦	ὄναρ	158b，158c5，158d1，173d5，201d8，208b11
秘密教义	τὰ μυστήρια	156a3
密细亚人	Μυσός	209b8
名称（名）	ὄνομα	147b2，147b11，150a2，156b3，157b5，186d10，187a4，198a3，202b4，207a10

		162a1，162a6，162c5，162d4，164d9，164e4，165e4，168c9，169d6，170a6，170c2，170c6，170e7，171b9，171c1，171c6，171e1，172b7，178b2，178b4，178b9，178e4，179d2，183c7
全部	[τὰ] πάντα	204b10，204c8，204d2，etc.
缺乏教养	ἀπαιδευσία	175a1
缺乏经验	ἀπειρία	167b3，174c5
缺乏说理	ἀλογία	207c8
缺乏说理的	ἄλογος	201d1，205c9，205e3
缺乏空闲	ἀσχολία	172e1，174e1
缺乏学习	ἀμαθία	153c1
缺乏知识	ἀνεπιστημοσύνη	157b3
确定的东西	τὸ βέβαιον	180a8
饶舌	ἀδολεσχία	195c2
绕灶仪式	[τὰ] ἀμφιδρόμια	160e7
认识（知道）	ἐπίστασθαι	163b2，163b4，163b9，163b10，196d5，196d11，197a4，197a8，197e6，199a5，etc.
认识（知道）	εἰδέναι	151c8，170b1，etc.
认识（知道）	γιγνώσκειν	149e3，193d6，202c1，etc.
认识〈名词〉	γνῶσις	176c4，193d7，193e1，193e3，206b7
认识者	[ὁ] ἐπιστήμων	160d2
认信（形成信念 / 持有信念 / 认为）〈动词〉	[τὸ] δοξάζειν	187a8，190a4，etc.
塞奥多洛〈人名〉	Θεόδωρος	176b8，etc.

显现出来的东西	[τὰ] φαινόμενα	158a2
相似［性］	[τὸ] ὅμοιον	186a6
相似的	ὅμοιος	144e1-2，145a11，176c1，185b4
相似性	ὁμοιότης	145a1，158c7，185c9，194c9
相同［的东西］（自身）	ταὐτό（= τὸ αὐτό）	159a，etc.
相异［的东西］（它者 / 不同）	[τὸ] ἕτερον	159a，etc.
信念	δόξα	161d5，161e8，162a6，170a7，170d5，171a4，171b6，172b5，178c5，179b8，179c2，179c4，187b4，187b5，187c7，190a3，193d4，194b3，195b7，206d3
信念	δόγμα	158d4
信念	δόξασμα	158e3
形式	εἶδος	169c9
形象	εἶδος	162b3
形状	σχῆμα	147e6，148a4，163b10，
醒	ὕπαρ	158b-d
幸福	εὐδαιμονία	175c5
性命	ψυχή	172e7
性质	ποιότης	182a9
嗅觉	ὄσφρησις	156b4
虚假［的东西］	[τὸ] ψεῦδος	150c2，150e6，161a1
学（学习）〈动词〉	μανθάνειν	145d8，188a2，198b5，199a5
学术	φιλοσοφία	143d3

希汉索引

αἰτία (τὸ αἴτιον)	原因	149b2，149b9，150c7，205c9，205d1，205e4
ἀκοή	听觉	156b-c，185a-b，206a
ἀλήθεια	真	186c7，186c9，186d3，186e4
ἀλήθεια	真理	152c10，161c4，162a1，166d1，170e9，171c6，172a3
ἀλήθεια	真理性	172a8
ἀλήθεια	真相	155d10，201b3
[τὸ] ἀληθές	真实［的东西］	150c3
[τὸ] ἀληθές	真相	176d5
[τὸ] ἀληθές	真	150b3，158d11
ἀληθὴς δόξα (ὀρθὴ δόξα)	真信念（正确信念）	187b6，187c5，195b4-5，199c1，200e4，201c-d，202b-d，206c3-4，206e，207b，208a-c，208e3，209d，210a-b
ἀληθεύειν	得真〈动词〉	202c1
[τὸ] ἀλλοδοξεῖν	错乱认信〈动词〉	189d5，189e1
ἀλλοδοξία	错乱认信	193d1
ἀλλοιόω	变化〈动词〉	181e2，182c7，182c9
ἀλλοίωσις	变化	181d2，181d5
ἀλογία	没道理（不合理）	199d4
ἀλογία	缺乏说理	207c8
ἄλογος	没道理的（不合理的）	199a3，203d6
ἄλογος	缺乏说理的	201d1，205c9，205e3
ἀμαθία	缺乏学习	153c1
ἀμαθία	无知	170b7，170b10，176c5
[τὰ] ἀμφιδρόμια	绕灶仪式	160e7
Ἀμφιτρύων	安斐特吕翁〈人名〉	175a7，175b1

ἀσχολία	缺乏空闲	172e1，174e1
ἀψευδές	不会错的	152c5，160d1
βασιλεία	君权	175c5
βιβλίον	书	143b5，143c8
γένεσις	变易	153e2，155e6
γεωμετρία	几何学（几何）	143d3，143e2，145c7，156c，165a2
γεωμέτρης	几何学家	143b8，162e7
γιγνώσκειν	认识（知道）	149e3，193d6，202c1，etc.
γίγνεσθαι	变（变成、变易、生成）〈动词〉	152d8，152e1，153a9，153e7，154b3，155c2，156a8，156d，156e，157a2，159b8，159d，159e-160c，166b8-9，182a-b，183a7，189d3，199c10，206c5，etc.
[τὰ] γιγνόμενα	变易的东西	160d2
γνῶσις	认识〈名词〉	176c4，193d7，193e1-3，206b7
γνωστός	可知的	202b7，202e1，205e7
γράμμα	文字	163b，199a1
γραμματιστής	文法教师	163c2
δαιμόνιον	守护神	151a4
δεινότης	聪明	176c3，176c5，177a4
δεσπότης	主人	172e5，173a2
δημηγορία	公共演说	162d3
δι᾽ οὗ	经由	184c-185e
διαφορά	差异性	208d6，208e4
διαφορότης	特性	209a5，209d1，209e7，210a4，210a8
διανοεῖσθαι	思考	189e2，189e4，etc.
διανόημα	思想到的东西	196c6

[τὰ] ὄντα	诸实在	180d6
ὄργανον	官能	185a5，185c7
ὄρνις	鸟	197c-d，197e3，199e1，etc.
ὄσφρησις	嗅觉	156b4
οὐσία	财产	144c
οὐσία	是	186a2，186c，186d，186e，202a
οὐσία	所是	160b7，160c8，172b4，186a10，186b6-7，186c3，202b5，207c1，207c3
ὄψις	视觉	156b3，156c1，156e1-3，163d8，164a8，185a2，185b8，185c1，193c3，193c6-7，206a6
πάθος	状态	193d4
πάθος (πάθημα)	经验	155d3，161d4，166b3，179c3，186c2，186d3，187d3
παιδεία	教育（教养）	145a9，167a4，186c4
[τὸ] πᾶν	整全	180e1
[τὸ] πᾶν	总体	204a-205a
[τὰ] πάντα	全部	204b10，204c8，204d2，etc.
[τὸ]παρ-αισθάνεσθαι	幻觉	157e3
[τὸ] παρακούειν	幻听	157e3
Παρμενίδης	巴门尼德〈人名〉	152e2，180e2，183e5
[τὸ] παρορᾶν	幻视	157e3
[τὸ] πάσχον	被动者	157a2-6，159a11，159c9，159d1
[τὸ] πάσχον	承受者	182a-b
[τὸ] πεῖσαι	说服	201b6
[τὸ] ποιοῦν	施动者	182a-b

φαντασία	印象	161e8
[τὰ] φαντάσματα	印象	167b3
[τὰ] φάσματα	表象	155a2
[ὁ] φιλόλογος	论证迷	161a7
φιλοσοφία	学术	143d3
φιλοσοφία	哲学	155d3，168a5，172c5，172c9，173c8，174b1
[ὁ] φιλόσοφος	爱智者（哲学家）	155d2，164d1，168a8，175e1
φόβος	恐惧	156b5，173a6
φορά	运动（位移）	156d2，181d5，etc.
φορά	移动	153a9
φρόνησις	智慧	169d5，176b2
φρόνησις	智力	161c9
φωνή	声音	156c2，185a8，203b5，203b7
φωνή	语言	163b3，183b2，206d2
φύσις	天赋	142c8，149c1，155d2
φύσις	存在者	174b4，176a7
χρῆμα (χρήματα)	事物	152a3，153d3，156e6，160d9，161c5，165e3，167d1，170d2，183c1，201b1
χρῶμα	颜色	153d9，153e6，154a1，154a3，156c1，156e2，156e4，156e7，163b10，182d4
χώρα	空间	153e1，180e4
[τὸ] ψεῦδος	假（假的东西/错误），错误	150c2，150e6，161a1，194a4
ψευδής δόξα	假信念(错误信念）	170b10，187b5，187e5，189b8，189b12，190e，191b，193e7，194b1-2，195b2，

图书在版编目(CIP)数据

泰阿泰德/(古希腊)柏拉图著;詹文杰译注. —北京:商务印书馆,2017
(汉译世界学术名著丛书:120年纪念版:珍藏本)
ISBN 978-7-100-14833-7

Ⅰ.①泰… Ⅱ.①柏… ②詹… Ⅲ.①古希腊罗马哲学 Ⅳ.①B502.232

中国版本图书馆CIP数据核字(2017)第161195号

汉译世界学术名著丛书
(120年纪念版·珍藏本)
泰阿泰德
〔古希腊〕柏拉图 著
詹文杰 译注

商 务 印 书 馆 出 版
(北京王府井大街36号 邮政编码100710)
商 务 印 书 馆 发 行
北 京 冠 中 印 刷 厂 印 刷
ISBN 978-7-100-14833-7

2017年12月第1版 开本710×1000 1/16
2017年12月北京第1次印刷 印张12¼
定价:62.00元